Yves Fréchil

Créez vos pages WEB MODE D'EMPLOI

SYBEX

Paris . San Francisco . Düsseldorf . Londres . Amsterdam

SOMMAIRE

INTRODUCTION

Ce livre n'est pas destiné à vous apprendre le "langage" HTML. Il y a pour cela d'excellents ouvrages, généralement plus épais, écrits par des gens compétents, et faciles à comprendre. Notre propos est de vous montrer comment, une fois que vous aurez correctement maîtrisé ce langage, l'utiliser au mieux pour écrire des présentations Web personnelles. Si nous insistons sur cet adjectif, c'est parce que vous n'avez sans doute pas à votre disposition les moyens financiers d'une entreprise qui peut se permettre de faire appel à des sous-traitants professionnels maîtrisant parfaitement l'art de la mise en page et s'appuyant sur la collaboration de graphistes talentueux.

Qui êtes-vous ? _____

Vous possédez un ordinateur, de préférence un PC tournant sous Windows 3.x ou Windows 95, et savez vous en servir pour lancer des applications et gérer des fichiers. Vous avez aussi le téléphone et avez déjà pratiqué l'Internet, ce qui suppose que vous possédez un modem et qu'il est correctement raccordé à votre ordinateur et reconnu par le système d'exploitation.

Et le Macintosh ? Et UNIX ?

Nous n'allons pas déterrer la hache de guerre et entrer dans des querelles de chapelle. Quelles que soient ses qualités, le Macintosh ne représente actuellement que moins de 10 % du nombre des micro-ordinateurs en service et, depuis quelque temps, sa survie devient problématique (son dernier P-D.G., Gilbert Amelio, a démissionné en juillet 1997 à la suite des résultats financiers désastreux de la compagnie). Quant à UNIX, le caractère hermétique de ses commandes et son attachement au passé le réservent plutôt à des professionnels que passionne davantage l'outil informatique que l'usage qui en est fait. Dans un ouvrage de quelque 300 pages, nous avons dû faire un choix : démocratiquement, nous avons choisi la loi du plus grand nombre !

Toutefois, qu'on se rassure : mis à part certaines références de programmes d'application ou d'utilitaires, les règles de composition et d'écriture sont indépendantes de la plate-forme utilisée.

Organisation de ce livre _____

En une introduction (que vous êtes en train de lire), quinze chapitres et un glossaire, nous allons essayer de couvrir le sujet. Voici, brièvement résumé, ce que vous trouverez dans ces chapitres :

Chapitre 1 : *Quel sujet traiter ?* Vous avez envie de publier mais vous n'êtes pas certain du sujet que vous devez (ou que vous pouvez) aborder. Nous allons essayer de vous guider.

Chapitre 2 : *L'hébergement de votre présentation.* Comme il s'agit d'une publication personnelle, vous ne possédez pas de serveur Web et vous allez devoir utiliser un intermédiaire ; pas nécessairement votre fournisseur d'accès habituel. Nous vous donnerons plusieurs adresses avec leurs avantages et leurs inconvénients.

Chapitre 3 : *Brefs rappels de HTML.* Nous avons supposé que vous connaissiez déjà HTML, aussi ne ferons-nous là qu'un rappel de l'utilisation des balises les plus courantes.

Chapitre 4 : *Structure d'une présentation Web : les liens.* Comment organiser vos pages, comment établir les liens, quel découpage adopter, etc.

Chapitre 5 : *Composition et mise en page.* Conseils généraux : ce qu'il faut éviter, ce qu'il est préférable de faire, comment attirer l'attention et la retenir.

Chapitre 6 : *Les éditeurs HTML.* Ils ne sont pas indispensables, mais peuvent grandement simplifier votre travail. Il y en a de toutes sortes, et certains vous permettent (presque) d'ignorer ce qu'est HTML.

Chapitre 7 : *Le bon emploi des images.* Comment utiliser au mieux les possibilités de HTML pour l'illustration de vos pages.

Chapitre 8 : *Les tableaux.* Tout ce qu'on peut faire avec eux et pas seulement réaliser des états tabulés.

Chapitre 9 : *Le multimédia.* Sons, animations, animations en 3D : les limites de ce que vous pouvez en faire.

Chapitre 10 : *Les frames.* C'est sans doute le *nec plus ultra* des présentations Web, mais tous les browsers ne les supportent pas encore.

Chapitre 11 : *Les formulaires.* Leur emploi est indispensable si vous voulez donner un peu d'interactivité à vos pages. Mais leur possibilité d'utilisation dépend du bon vouloir de votre fournisseur d'accès et de vos talents de programmeur (si vous en avez).

Chapitre 12 : *JavaScript, Java et ActiveX.* Trois langages de complexité diverse qui pourront ajouter du piment à vos pages à peu de frais.

Chapitre 13 : *Vingt fois sur le métier... (validation et vérifications)* Avant de publier votre présentation, testez-la soigneusement et faites-la contrôler par vos amis et connaissances.

Chapitre 14 : *Le transfert de vos fichiers sur le serveur.* Opération cruciale, bien plus simple que ce qu'on pourrait craindre.

Chapitre 15 : *Comment se faire connaître et mesurer son audience.* Utilisation raisonnée des outils que le Web met à la disposition des auteurs Web pour assurer et contrôler la diffusion de leurs chefs-d'oeuvre.

Chaque fois qu'apparaîtra un terme nouveau, propre à la technique du Web, nous en donnerons une définition qui sera reprise dans le glossaire final. Ce dernier comportera en outre quelques termes plus généraux qu'on rencontre fréquemment dès qu'on touche à l'Internet.

Chaque chapitre se terminera par une liste de ressources à consulter pour en savoir davantage : livres ou présentations Web.

Validité des adresses Web

Rien ne bouge davantage que les adresses des présentations Web : certaines disparaissent, d'autres changent. Toutes les adresses données ici ont été soigneusement vérifiées au cours de l'été 1997 mais il se peut, lorsque vous aurez ce livre en main, que quelques-unes d'entre elles ne soient plus valides. Nous le regrettons, mais c'est la dure loi du Web !

Les copies d'écran

De nombreuses copies d'écran viendront illustrer notre propos. Presque toutes ont été effectuées avec Netscape Navigator 3.01, version française, qui, à l'heure où nous écrivons ces lignes (juillet 1997) est sans doute la version récente la plus répandue. Par rapport à la version 2.0, elle comporte de substantielles améliorations et est assez ancienne pour être considérée comme stabilisée. La version 4.0 a connu des débuts difficiles et sa version française n'est encore officiellement proposée qu'en bêta test. Il est donc probable que la version 3 soit toujours la plus utilisée.

Mais étant donné l'offensive commerciale de Microsoft qui offre au sens strict (c'est-à-dire gratuitement) son navigateur Internet Explorer 3.0, nous n'aurons garde de le laisser dans l'ombre. Nous signalerons à l'occasion les différences (avantages et inconvénients) qu'on peut y rencontrer par rapport à notre étalon : Netscape Navigator.

Ces copies d'écran ont, pour la plupart, été réalisés d'après un format d'écran 800 x 600 qui est actuellement le plus utilisé pour voir correctement une présentation Web, surtout lorsque celle-ci utilise des frames (cadres).

Questions de vocabulaire

Le logiciel utilisé pour *surfer sur le Web* s'appelle un *browser*. Plusieurs traductions françaises ont été proposées pour ce mot dont aucune ne nous satisfait pleinement. Mais, pour éviter de faire grincer les dents des francophones irréductibles, nous avons choisi d'utiliser le mot *navigateur,* qui nous semble le plus proche de la réalité.

Doit-on dire *Internet* ou *l'Internet* ? Les deux termes se rencontrent en proportions à peu près égales, mais les véritables professionnels (Christian Huitema et Jean-Louis Gassée pour n'en citer que deux et non des moindres) ont choisi l'emploi de l'article. Nous nous inclinerons donc devant leur autorité.

Conventions typographiques

Les adresses Internet seront imprimées avec une police à pas fixe, genre Courier, de cette façon : `http://www.urec.fr`. Cela signifie que vous devez en respecter scrupuleusement l'orthographe, majuscules et minuscules comprises.

ATTENTION

Cette icône signifie que nous souhaitons attirer votre attention sur un point particulier, une difficulté qu'il vaut mieux connaître avant de la rencontrer par hasard et, peut-être, de se retrouver dans une situation embarrassante.

NOUVEAU

Lorsque nous utiliserons pour la première fois un mot ou une expression technique, sa définition sera précédée de cette icône.

CHAPITRE 1

Quel sujet traiter ?

Si vous avez acheté ce livre, c'est que l'envie vous démange de publier sur le Web et sans doute avez-vous déjà une petite idée sur votre sujet. Notre propos, ici, est de vous donner des éléments vous permettant d'affiner cette idée et même de vous en donner d'autres.

Une *page Web* est matérialisée par le contenu d'un fichier HTML. Sa taille est donc très élastique et ne dépend pas du format de l'écran utilisé pour la lire. Rien à voir avec la notion de page des textes imprimés.

Une *présentation Web* est un ensemble de pages Web traitant d'un sujet particulier.

Etymologiquement, un *site Web* serait matérialisé par un serveur consacré uniquement (ou presque) à diffuser des présentations Web mais, dans la pratique, c'est l'expression *serveur Web* qu'on utilise pour désigner ce type d'ordinateur. L'usage tend à confondre l'expression "site Web" avec "présentation Web". Dans ce livre, nous emploierons donc indifféremment l'une ou l'autre.

Les sujets possibles

Sans aller jusqu'à dire que le Web ne convient qu'à des sujets éternels, il faut reconnaître que c'est un support de diffusion qui convient mal à des événements d'actualité ou transitoires. Faire une présentation ayant pour sujet la fête des Mères ou la fête de la Musique n'est pas une bonne idée car le temps pendant lequel on peut s'y intéresser ne dépasse guère un mois, après quoi il faut attendre 11 mois pour que le sujet redevienne d'actualité. Par contre, s'il ne s'agit que d'une rubrique d'une présentation ayant pour objet de traiter des sujets d'actualité, c'est parfaitement concevable. Comme nous le verrons au Chapitre 15, il faut compter un certain temps pour que l'existence de votre présentation soit connue. Ensuite, il faut que, tout en évoluant, elle reste présente sur le Web, autant que faire se peut à la même adresse.

Une grande partie des présentations Web personnelles est consacrée à une présentation de leur auteur : sa vie, sa profession, ses enfants, ses animaux favoris, son violon d'Ingres. C'est une sorte d'album de photos de famille. Mais il y a une infinité d'autres sujets possibles et nous allons vous en donner un bref aperçu. C'est ce qu'on peut appeler des *présentations dédiées* qui sont alors consacrées à un sujet qui tient particulièrement au coeur de l'auteur et sur lequel il a accumulé des connaissances, des textes et des images dont il souhaite faire profiter autrui. Selon la catégorie dans laquelle vous vous rangez, vous devriez trouver votre bonheur dans cette liste.

Moi, ma vie, mon oeuvre

Outre que "le moi est haïssable", peu de gens peuvent se targuer d'avoir vécu des aventures dignes d'être relatées ou ont la chance d'exercer une profession peu connue ou en voie de disparition. N'est pas fabricant d'archets qui veut et si vous voulez expliquer en quoi ça consiste, vous allez sûrement intéresser quelques amateurs de musique. Mais il y a gros à parier que votre présentation sera alors centrée non pas sur votre personne mais sur votre art et, d'une présentation égocentrique, vous allez glisser dans la présentation dédiée.

Si vous êtes écrivain, c'est l'occasion de présenter vos livres, de parler des sujets qui vous tiennent à coeur, de la trame de vos romans. Si vous êtes peintre ou sculpteur, le Web sera pour vous une galerie d'exposition toute trouvée. Si vous êtes musicien, pour des raisons techniques que nous verrons au Chapitre 9, consacré au multimédia, vous devrez vous limiter à quelques mesures mais vous pourrez néanmoins vous exprimer.

Vous vous occupez d'une association sans but lucratif

La vie associative est très forte en France, la loi de 1901 étant, une fois n'est pas coutume, peu restrictive. Qui dit "sans but lucratif" sous-entend généralement peu de moyens financiers. Hormis les sociétés secrètes, les associations souhaitent non seulement faire connaître leur activité mais aussi recruter le plus d'adhérents nouveaux. En dehors des moyens traditionnels que sont le bouche à oreille et la presse écrite, le Web constitue un support dont l'audience ne cesse d'augmenter.

Même si les buts poursuivis par votre association sont austères, ce n'est pas une raison pour que votre présentation le soit aussi. Nous verrons aux Chapitres 5 et 7 le rôle important que jouent la mise en page et l'iconographie dans l'attrait d'une présentation.

Vous êtes collectionneur

On collectionne de tout : depuis les rouleaux compresseurs et les avions jusqu'aux étiquettes de boîtes de camembert et aux nains de jardin. Si c'est votre cas, le Web sera pour vous une magnifique vitrine d'exposition dans laquelle vous pourrez présenter les plus belles pièces de votre collection accompagnées de leur description et éventuellement du récit de leur acquisition. Cela pourra être l'occasion d'entrer en relation avec d'autres collectionneurs partageant la même passion.

Vous êtes inventeur

Autre passion nationale, celle de l'invention. Le concours Lépine en constitue le vivant témoignage annuel. Ici, il convient toutefois d'être méfiant. Ne divulguez rien sur votre invention avant d'avoir pris les précautions nécessaires (dépôt de brevet, par exemple) pour éviter de vous faire voler vos idées. Si vous avez réalisé un prototype, c'est peut-être l'occasion de le présenter. Si vous êtes à la recherche d'industriels pour réaliser et commercialiser votre invention, ce n'est sans doute pas le meilleur moyen à utiliser car ils ne passent sûrement pas leur temps à rechercher de nouvelles inventions en surfant sur le Web. Mais c'est une façon de vous faire connaître.

Vous écrivez des sharewares

Que vous ayez inventé une "machine à épépiner les groseilles" ou un logiciel particulièrement habile dans l'accord des participes, c'est la même démarche de créativité à un détail important près : ici, vous n'avez besoin de personne pour fabriquer votre invention. Vous pouvez même utiliser le Web pour la commercialiser. Et, comme on ne peut pas breveter les logiciels, une présentation sur le Web pourrait être une preuve éventuelle d'antériorité si quelqu'un venait à prétendre avoir été le premier à proposer un programme dans le même but. Un grand nombre de sharewares sont ainsi diffusés, particulièrement aux Etats-Unis.

Votre fan-club

Si vous êtes un enthousiaste des *boys bands*, des *top models* ou des séries cultes, voilà l'occasion de tenter de rallier d'autres enthousiastes à votre cause. Mais, ici, attention aux problèmes de copyright en ce qui concerne les images que vous allez diffuser. Si votre présentation est centrée sur des personnages ou des événements d'actualité, sachez que vous ne pouvez pas utiliser sans précaution les images - pourtant largement diffusées - de l'objet de votre admiration. Nous allons revenir sur ce point un peu plus loin.

Vous êtes supporter d'une noble cause

Que ce soit les baleines du Pacifique, les animaux abandonnés au moment des vacances, la préservation d'un site historique ou la défense de la langue française, le Web sera pour vous l'équivalent de la caisse sur laquelle se juchent les prédicateurs qui, dans Hyde Park, à Londres, s'efforcent de convaincre leur auditoire et de faire des adeptes. Ce ne sont pas les bonnes causes qui manquent, mais il vous faudra un réel talent littéraire si vous voulez entraîner les convictions. C'est plus difficile que de vive voix car, ici, vous ne pourrez pas jouer votre texte, le mettre en scène. Par contre, si vous êtes un mauvais orateur (si vous bégayez, par exemple), vous ne risquerez pas de vous couvrir de ridicule et de nuire à la cause que vous souhaitiez défendre.

Votre congrégation religieuse

C'est une pratique répandue surtout outre-Atlantique, où les religions sont aussi nombreuses que diverses. En France, le plus illustre exemple est celui de Mgr. Jacques Gaillot, ancien évêque d'Evreux, qui a eu quelques problèmes avec le Vatican pour cause d'hypermédiatisation et qui, nommé évêque du diocèse (fictif) de Partenia, a créé un site Web sur ce lieu mythique. Plus modestement, c'est un moyen de diffuser la bonne parole et de maintenir entre les fidèles des liens que les distances peuvent amener à être relâchés.

Les héros de roman vous passionnent

Que ce soit Arsène Lupin, Hercule Poirot, Sherlock Holmes, Madame Bovary ou le Père Goriot, il y a fort à dire sur la vie de ces personnages que leur créateur a doté, par la force de son écriture, d'une existence quasi réelle. Mais vous ne serez sans doute pas le premier à leur consacrer une présentation Web. La première des choses à faire sera donc une recherche d'antériorité à l'aide de moteurs de recherche comme Yahoo!, Lycos ou AltaVista. Vous trouverez peut-être des aspects de leur personnage qui n'ont pas été aussi bien mis en lumière que vous l'eussiez souhaité, que vous connaissez particulièrement bien et que vous souhaitez faire découvrir.

Vous éditez un fanzine

Ces publications à diffusion restreinte pourront acquérir un statut plus populaire si tous ceux qui surfent sur le Web peuvent en bénéficier. Ne vous inquiétez pas de la quantité d'images nécessaire : si elles sont dessinées au trait, en deux couleurs, elles n'occuperont guère de place et se chargeront en un temps raisonnable.

Vous êtes enseignant

Que ce soit dans une classe primaire ou dans un lycée, que vous enseigniez la littérature ou les mathématiques, vous serez sûr de passionner vos élèves en construisant avec eux un site Web qui ne sera peut-être pas techniquement au top niveau mais qui sera une oeuvre collective qui les aura beaucoup intéressés et leur aura fait toucher du doigt la réalité de l'Internet. Ne comptez pas trop sur l'Education nationale pour vous soutenir dans un tel projet : elle souffre de ce que Jean-Paul Baquiast appelle un *bêtablocage* ("Cahier multimédia" de *Libération* du 30 mai 1997). Mais peut-être votre maire ou votre conseil général pourra-t-il faire quelque chose pour vous ?

Vous cherchez un sponsor

Vous avez un projet original (hors Internet) en tête mais n'avez pas les moyens d'en assurer le financement. Honnêtement, nous ne croyons pas que les banquiers passent leur temps à surfer sur le Web mais certaines personnes influentes (journalistes, industriels, publicitaires...) ne s'en privent pas. Alors pourquoi ne pas tenter votre chance ? Pour savoir comment faire, voyez donc le site Web de Fabrice Gropaiz, qui veut faire le tour du monde (27 000 km, 14 pays à traverser) en rollers avec juste une petite remorque à deux roues attachée à sa ceinture et recherche des sponsors.

Autres sujets

Citons pêle-mêle : la pensée du jour, les mille et une façons d'accommoder le riz, les soins à donner aux plantes d'appartement, le jeu d'échecs, les occurrences de l'adjectif partitif chez les écrivains militaires du XVIe siècle ou les voyages de Cook ; rien ne doit vous échapper. Mais il y a des règles générales à observer : votre sujet doit être original et susceptible d'intéresser d'autres que vous-même. En outre, vous devez avoir suffisamment d'informations vérifiées et si possible originales à présenter pour retenir l'attention.

Tout n'est pas bon à dire

Au terme de la loi française, certains sujets ne peuvent pas faire l'objet d'une présentation publique. La propagande raciste, le révisionnisme, les sujets touchant à la pédophilie ou à la zoophilie et, d'une façon plus générale, tout ce qui est contraire aux bonnes moeurs. Vous pourriez faire l'objet de poursuites judiciaires ainsi que votre fournisseur d'accès. Bien que la jurisprudence manque encore de précédents dans ce domaine, la tendance est d'appliquer aux publications sur l'Internet les mêmes règles que pour les publications imprimées.

Nous verrons au Chapitre 4, à propos des liens, que ces restrictions vont plus loin et qu'il faut éviter de placer dans votre page des références vers d'autres sites traitant de ces sujets.

Aux Etats-Unis, le Président Clinton avait appuyé le vote d'une loi réprimant ce type d'infractions : le *Decency Act* qui, quelque temps après, a été déclaré illégal parce que contraire à la constitution et en particulier aux libertés individuelles. Il ne semble pas exister encore de réglementation européenne sur ce point mais certaines affaires récentes en Allemagne ont montré que la justice n'hésitait pas à sévir.

Le copyright

Il est tentant d'illustrer une présentation par une reproduction de textes, d'images ou de musiques empruntés çà et là. De récentes affaires ont mis en évidence la faible marge qui sépare le droit de citation et la violation du copyright. Un étudiant qui avait estimé que les *Cent mille milliards de poèmes* de Raymond Queneau se prêtaient particulièrement bien à une illustration par ordinateur et en avait fait le sujet de sa présentation a été condamné le 5 mai 1997 par le tribunal de grande instance de Paris. Plus récemment, deux élèves d'écoles d'ingénieurs qui avaient illustré leur page Web d'extraits de chansons de Jacques Brel ont été poursuivis par les éditeurs qui détiennent les droits légaux et condamnés le 14 août 1996 par le même tribunal de grande instance de Paris. Les attendus de ce jugement comportent, *in fine*, un paragraphe dont nous extrayons ce qui suit (en espérant ne violer aucun copyright) :

> [...] *"toute reproduction par numérisation d'oeuvres musicales protégées par le droit d'auteur et susceptible d'être mise à la disposition de personnes connectées au réseau INTERNET doit être expressément autorisée par le titulaire ou le cessionnaire des droits".*

Ce livre n'étant pas un ouvrage de droit, nous ne pouvons qu'attirer votre attention sur la nécessité impérieuse d'éviter tout ce qui risquerait de porter atteinte à la propriété intellectuelle d'un auteur ou d'un artiste. Si vous voulez faire une présentation sur la truite de rivière, rien ne vous empêche d'utiliser comme musique d'accompagnement *La Truite* de Franz Schubert. Si vous empruntez pour cela le 4ᵉ mouvement du quintette avec piano D. 667 interprété par l'Amadeus Quartett, vous serez passible de poursuites parce que vous porterez atteinte au droit de l'interprète (sous contrat, pour cet enregistrement, avec Deutsche Gramophon). Libre à vous de le jouer au piano (si vous trouvez une réduction pour piano de cette oeuvre et que vous maîtrisez aussi bien le clavier du piano que celui de l'ordinateur). Vous courrez le même risque si c'est le lied que vous voulez faire entendre et que vous vous êtes servi de l'enregistrement de Barbara Boney.

En ce qui concerne les images, vous pouvez utiliser une reproduction d'une gravure extraite de l'*Encyclopédie* de Monsieur Dupiney de Vorrepierre (publiée il y a un peu plus d'un siècle), mais vous ne pourrez pas impunément "emprunter" une photo de Robert Doisneau.

Dans tous les cas, il reste possible de négocier préalablement avec les ayants droit de l'auteur ou de l'interprète mais le montant des droits à acquitter risque fort d'être hors de proportion avec le budget que vous acceptez de consacrer à votre présentation Web. A moins que, subjugué par votre talent, le détenteur de ces droits vous accorde gratuitement, à titre exceptionnel, un droit de reproduction[1].

Plus simplement, si vous souhaitez reproduire un passage important ou des informations d'un article publié dans un quotidien ou une revue, demandez-en l'autorisation à titre gracieux à l'auteur ou au rédacteur en chef de la publication en précisant bien dans quel cadre vous souhaitez faire cette citation et en assurant que vous ferez mention de son origine. Presque toujours, l'autorisation vous sera accordée.

Pour illustrer vos pages, il existe des collections d'images, icônes, symboles et autres libres de tous droits (au moins pour une utilisation non commerciale). Vous trouverez quelques références à la fin du Chapitre 7.

*La vie d'une présentation Web*_____

A la différence d'un ouvrage imprimé, une présentation Web est quelque chose de vivant et c'est d'ailleurs là un de ses avantages marquants. Il est facile de faire une mise à jour d'un site Web alors qu'il est très coûteux de lancer un nouveau tirage ou une nouvelle édition d'un ouvrage non épuisé lorsque certaines des informations qu'il véhicule sont périmées. Pour mettre l'accent sur cet avantage de la nouvelle fraîche, les présentations Web portent généralement une date sur leur page d'accueil. Non pas une DLC (date limite de consommation) comme c'est le cas pour les yaourts, mais plutôt l'équivalent de la date de ponte des oeufs : leur date de dernière mise à jour.

---

1. Par prudence, faites confirmer par courrier !

On appelle *page d'accueil* la première page d'une présentation Web : celle sur laquelle vous atterrissez lorsque vous avez cliqué sur un appel de lien ou celle qui est chargée lorsque vous lancez votre browser sur une nouvelle URL.

Une URL est une adresse de ressource sur l'Internet. La traduction française de *Uniform Resource Locator* est : *adresse uniformisée de ressource*, ce qui explique pourquoi on considère que cet acronyme est du sexe féminin.

Les surfeurs du Web ont pris l'habitude de regarder au bas de la page d'accueil la date de dernière modification d'une page. D'un seul coup d'oeil, ils savent ainsi si les informations qu'elle colporte sont ou non crédibles. Une page ayant pour titre "Les dernières nouveautés en informatique" dont la dernière mouture remonterait à un mois ne serait pas digne de confiance et la plupart des visiteurs n'iraient pas plus loin que la page d'accueil.

L'importance du contenu

Avoir un site Web pimpant et qui en mette plein la vue, c'est peut-être satisfaisant de prime abord, mais ce n'est pas ça qui va retenir le visiteur et l'inciter à aller plus avant. Si vous n'avez rien à dire et que vous voulez créer une présentation Web rien que pour épater vos amis et montrer que vous êtes "in", méditez cette maxime : "Seul le silence est grand." Si, à l'intérieur d'un magasin dont la vitrine est attrayante, aucun des articles que vous désirez n'est disponible, vous regretterez d'y être entré. D'un autre côté, une boutique bien approvisionnée mais dont la vitrine est poussiéreuse et en désordre ne vous donnera pas envie d'y pénétrer.

Si vous avez réellement quelque chose à exprimer, sachez qu'il faut que toute votre présentation soit centrée sur ce sujet. Ne vous dispersez pas, mais décomposez votre thème en plusieurs rubriques qui constitueront autant de pages que vos visiteurs pourront explorer (nous verrons comment au Chapitre 4). Commencez par définir votre *lectorat*, comme on dit dans la presse imprimée. Vous ne vous exprimerez pas de la même façon si vous vous adressez aux zélateurs du commissaire San Antonio ou si votre cible est constituée par des chercheurs en littérature comparée (encore que...).

Syntaxe et orthographe

Dans une présentation Web, rien ne fait plus négligé qu'une syntaxe boiteuse, sinon une orthographe fautive. Pour le premier point, le seul conseil que nous puissions vous donner est de lire les "bons" auteurs et de vous imprégner de leur style. Pour l'orthographe, pensez tout d'abord à utiliser le vérificateur que renferme votre traitement de texte. Ce n'est pas lui qui accordera vos participes (les logiciels qui prétendent vérifier les accords ou la syntaxe sont encore loin d'être au point), mais ça dégrossira le travail. Si vous vous savez nul en orthographe, vous avez bien, parmi vos amis, quelqu'un de plus compétent que vous. Demandez-lui, sans faire de complexe, de relire votre texte. Proposer un texte négligé, c'est comme aller à une réception avec des ongles noirs, sans vous être lavé les mains, et le cheveu hirsute. Certains pourront s'en amuser, mais la plupart ne chercheront pas à vous connaître davantage.

Un autre problème se pose : celui de la langue à utiliser. Sauf si vous voulez vanter les mérites touristiques de votre région à

Quel sujet traiter ?

vos amis américains et à eux seuls, il n'y a pas de raison valable d'utiliser une autre langue que le français. Mais rien ne
vous empêche de proposer deux versions de votre page : une
en français et l'autre dans la langue qui vous plaira, voire dans
plusieurs langues, comme ce qu'a fait Mgr. Gaillot pour son
site Web sur Partenia dont la Figure 1.1 vous montre la page
d'accueil. Avec l'inconvénient de vous obliger à un travail
double à chaque mise à jour. C'est ce que font de nombreux
laboratoires scientifiques puisque l'anglais est la langue véhi-
culaire de la recherche.

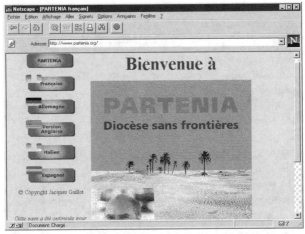

**Figure 1.1 : Le site de Partenia vous est proposé
en cinq langues différentes.**

Pour en savoir davantage

Si vous manquez d'idées quant au choix de votre sujet ou à
la façon de le traiter, allez donc faire un tour sur quelques-
uns de ces sites, pour la plupart réalisés par des amateurs :

- Le Président de la République : `http://www.elysee.fr/pdt/`

- Fabrice Gropaiz cherche des sponsors : `http://www.cora.org/fab.html`

- Les 17 marches et autres sites holmésiens : `http://www.interpc.fr/mapage/canevet/holmes/15shsite.htm`

- La page d'Arsène : `http://www.cyber-espace.com/lupin/`

- Le commissaire San Antonio : `http://www.mygale.org/05/zanza/`

- Les apparitions d'Alfred Hitchcock dans ses films : `http://hitchcock.alienor.fr/apparition.html`

- Un club de collectionneurs de motos anciennes (AMGR) : `http://www.mygale.fr/10/amgr/amgr.htm`

- Les radios amateurs : `http://www.mygale.org/01/f5tci/`

- Un collectionneur d'appareils de photo anciens : `http://www.mygale.org/01/jeffdnn/Collectionf.html`

- Le guide Internet de GEO TROUVE TOUT : `http://www.inforoute.cgs.fr/micheli/`

- Si les loups vous intriguent ou vous passionnent : `http://www.infonie.fr/public_html/emouchet/index.html`

- Quelques oeufs de Pâques (figures ou textes cachés dans les logiciels commerciaux) : `http://weber.u.washington.edu/~davidnf/egg.html`

- Si vous êtes un passionné d'échecs (France Echecs) : http://www.teaser.fr/~flempereur/echecs.html

- Partenia, diocèse sans frontières : `http://www.partenia.org`

- Un maître de l'humour loufoque : Pierre Dac : http://www.imaginet.fr/~bregeon/PDac.html

- La pensée du jour (du mois, en été) : `http://www.sit.ulaval.ca/pagespersonnelles/phf/musee.html`

- Difficultés orthographiques : `http://www.montefiore.ulg.ac.be/cgi-bin-ulg/pivot`

- Les mots croisés du Web : `http://perso.wanadoo.fr/mondouis`

- Des recettes de cuisine pour tous les goûts : `http://www.mygale.org/10/jpd/Cuisine.htm`

- La Fédération française de vol à voile : `http://www.mygale.org/01/aav/`

- Les soins à donner aux plantes d'appartement : `http://www.mygale.org/00/dolby/appart2.htm`

Références juridiques :

- Ordonnance de référé du 5 mai 1997 : `http://www.celog.fr/expertises/`

- Ordonnance de référé du 14 août 1996 : `http://www.celog.fr/expertises/refere.htm`

CHAPITRE 2

L'hébergement de votre présentation

Les universités et les entreprises disposent d'une connexion permanente à l'Internet, ce qui leur permet d'installer leur présentation Web directement chez elles. De cette façon, n'importe qui peut, à tout moment, accéder à une page Web quelconque. Pour les P.M.E. et les particuliers, à moins de pouvoir envisager un coût mensuel de location de ligne téléphonique à débit suffisant (ce qui représente une dépense mensuelle minimale de l'ordre de 10 000 francs), il est nécessaire de recourir aux bons offices d'un *fournisseur d'accès* qui, lui, dispose de cet accès permanent.

> Un *fournisseur d'accès* est une entreprise possédant une connexion directe à l'Internet, grâce à laquelle il peut offrir différents services d'accès aux ressources du "réseau des réseaux".

Avantages et inconvénients

Pour que votre présentation soit accessible par tous, vous devez donc l'héberger chez un prestataire externe, qui mettra à votre disposition, outre le raccordement à l'Internet, un certain nombre de mégaoctets sur ses disques durs. Vous devrez alors recopier les fichiers contenant les pages de votre présentation sur cet espace disque, ce qui suppose que vous sachiez utiliser un programme "client FTP". C'est là quelque chose de facile que nous détaillerons au Chapitre 14. Ce type de solution présente un inconvénient : on ne dispose généralement pas d'une adresse Internet personnalisée. Si, par exemple, on s'appelle Martin et qu'on est hébergé par le fournisseur d'accès dont l'adresse est www.monserveur.fr, l'adresse Internet de la présentation (son URL) pourra être :

```
http://www.monserveur.fr/~martin
```

Il reste néanmoins la possibilité de demander un *nom de domaine* personnalisé (sous réserve qu'il ne soit pas déjà affecté) mais, comme trop souvent en France, cette démarche est compliquée et n'est pas réalisable directement par n'importe qui. Il faut nécessairement passer par l'intermédiaire d'une entreprise agréée qui jouera en même temps le rôle de fournisseur d'accès, ce qui occasionnera des frais supplémentaires. Pour un particulier, disposer d'une adresse personnalisée n'a pas la même importance que pour une entreprise commerciale, aussi n'en dirons-nous pas davantage sur ce point. Si vous y tenez absolument, vous trouverez à la fin de ce chapitre quelques adresses relevées dans les publicités de revues consacrées à l'Internet et, donc, données sans garantie.

Avantage non négligeable d'utiliser un serveur extérieur : il est inutile de connaître le système d'exploitation de l'ordinateur utilisé pour le serveur. La plupart de ceux-ci tournent sous UNIX ; d'autres sous Windows NT et quelques-uns utilisent un Macintosh. Dans tous les cas, il leur faut une machine dédiée, et le niveau de complexité du système d'exploitation est plus élevé que celui d'un simple ordinateur client.

De nombreux fournisseurs d'accès proposent l'hébergement gratuit (compris dans le coût de l'abonnement) d'une présentation Web. Leur générosité va de 1 à 10 Mo. Au-delà, il faut payer un supplément. Si avec 1 Mo on ne peut pas faire grand-chose, avec 10 Mo on est très à l'aise, à condition toutefois de ne pas forcer sur les animations ou les fichiers audio. 5 Mo est une bonne moyenne qui permet de loger facilement de 10 à 20 fichiers HTML et une cinquantaine d'images de taille raisonnable.

En général, les conditions du contrat d'abonnement précisent que vous seul êtes responsable du contenu de votre présentation. C'est une précaution indispensable, car on a vu des cas où ce contenu était contraire aux bonnes moeurs ou à la législation en vigueur. Bien que la jurisprudence en matière de publications sur l'Internet soit encore floue et manque de précédents, nous avons vu au chapitre précédent que la justice avait tendance à appliquer les mêmes contraintes et obligations que pour la presse écrite.

Autre question importante : le nombre et la fréquence des accès à un site Web. Pour des particuliers, cela ne pose généralement pas de problème car on reste dans des limites raisonnables, disons de l'ordre de 100 ou 200 *hits* par mois. Au-delà, cela risque d'occasionner une surcharge du serveur, lequel aurait du mal à satisfaire les autres utilisateurs avec un temps de réponse acceptable. Pour limiter ce risque, le gestionnaire du serveur prévoit alors un surcoût qui est fonction du nombre de hits constatés pendant une période de référence, généralement d'un mois.

NOUVEAU

Un *hit*, c'est tout simplement un accès à une page Web. Plus une page est populaire, plus grand est le nombre de hits qu'elle enregistre. Nous verrons au Chapitre 15 qu'il est assez facile de comptabiliser ces hits, ce qui permet d'évaluer la fréquentation, donc l'attrait, sinon la qualité, d'une présentation Web.

L'hébergement gratuit

Rien n'empêche de faire héberger sa présentation par un serveur indépendant de son fournisseur d'accès. Soit parce que la place que ce dernier met à votre disposition est insuffisante, soit parce que vous préférez ne pas mettre tous vos oeufs dans le même panier. Sans aller jusqu'à dire que vous avez l'embarras du choix, il existe des "mécènes" qui mettent à la disposition des clients individuels une tranche de leur disque dur avec des contraintes généralement peu gênantes. Nous allons donner les adresses de quelques-uns d'entre eux, cités ici par ordre alphabétique, en indiquant au passage quels sont les avantages et inconvénients de leur offre.

Chez

La société Telestore offre 10 Mo d'espace disque et une adresse e-mail. Ce serveur français est de création récente et nous manquons d'éléments de référence pour formuler un jugement qualitatif. Une demande de renseignements envoyée par e-mail est restée sans réponse.

Cibercity

Serveur situé à Hong Kong. Offre 5 Mo d'espace disque. Accès très lent et survie incertaine due au changement de statut de cette ville. Déconseillé. La Figure 2.1 présente sa page d'accueil.

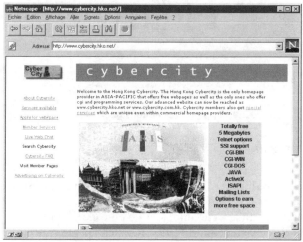

Figure 2.1 : La page d'accueil de Cibercity.

GeoCities

Serveur très connu, situé aux Etats-Unis. Probablement le plus ancien et, en tout cas, le plus couru (plus de 600 000 présentations hébergées). Les accès depuis la France risquent d'être lents, particulièrement en cours de journée, étant donné la saturation de la liaison Internet transatlantique. Il offre 2 Mo d'espace disque et une adresse e-mail selon un classement en 37 rubriques. La Figure 2.2 montre sa page d'informations.

Figure 2.2 : Page d'informations générales de GeoCities.

Mygale

Mygale est né en 1996 de l'idée d'un étudiant en informatique de l'université de Paris VIII, Frédéric Cirera, qui, dans le cadre de ses études, voulait créer un espace d'expression à accès gratuit. Cette initiative a eu un succès foudroyant, si bien que, au début de 1997, Renater, l'organisme qui gère les liaisons Internet utilisées par l'enseignement et la recherche s'en est ému et lui a intimé brutalement l'ordre de fermer ce serveur sous le prétexte que cela ne correspondait pas à la vocation de l'université.

On a dit, à l'époque, que ce n'était qu'un prétexte et que certains fournisseurs d'accès (et non des moindres) s'étaient émus de cette concurrence indirecte. Nous ne prendrons pas parti. Quoi qu'il en soit, Frédéric Cirera a très rapidement trouvé un prestataire - Havas on Line - qui a accepté de continuer l'hébergement des "locataires" de Mygale dans les mêmes conditions de gratuité. A un détail près : tout nouveau demandeur devra être parrainé par un des premiers bénéficiaires.

A l'heure actuelle, Mygale offre donc 5 Mo d'espace disque et la création d'une boîte aux lettres. L'auteur de ce livre l'utilise personnellement depuis bientôt un an et n'en a éprouvé que des satisfactions. La Figure 2.3 montre comment se présente sa page d'accueil.

Figure 2.3 : Page d'accueil de Mygale (hébergé par Havas on Line).

Myweb

C'est un serveur situé en Suisse qui vous propose d'héberger gratuitement deux pages Web de chacune 1 Mo, ce qui est fort peu. A réserver à ceux qui n'ont pas grand-chose à dire.

SPAN

Span est un serveur situé en Suisse. Son offre est caractérisée par trois particularités que n'ont pas les autres "hébergeurs" :

1. Il demande l'envoi par la poste d'un contrat écrit, dûment signé (les mineurs doivent demander à un de leurs parents de le faire pour eux).

2. Il propose gratuitement 50 mégaoctets (oui : cinquante !) de place sur disque.

3. Pour bénéficier de cette libéralité, il faut être citoyen suisse !

Le contrat ne contient aucune disposition léonine ou contraignante en dehors de l'interdiction de tout contenu pornographique, attentatoire aux bonnes moeurs ou dangereux (rien sur la fabrication des explosifs, par exemple).

D'autres offres existent, mais à titre payant, pour les clubs et associations, d'une part, et les entreprises, d'autre part. Chaque catégorie a une adresse de domaine séparée. En soirée (entre 23 heures et minuit), les accès sont plutôt lents. Est-ce dû à une ligne vers l'Internet à trop faible débit ou à une surcharge des liens Internet entre France et Suisse ? Nous l'ignorons, mais, vers 6 heures du matin, ce défaut n'existe pas.

Tripod

Ce serveur, situé aux Etats-Unis, propose 2 Mo d'espace disque, ce qui n'est pas très important mais permet néanmoins de constituer une petite page personnelle avec quelques images. La Figure 2.4 montre sa page d'accueil.

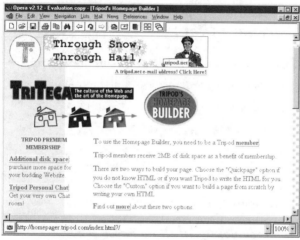

Figure 2.4 : La page d'accueil de Tripod.

Ce site informe les personnes intéressées que la liste de ceux qui s'y inscrivent ne sera pas revendue à des organisations commerciales en quête de prospects. Nous en reparlerons à propos des éditeurs HTML au Chapitre 6.

L'hébergement payant

Là, il y aurait pléthore d'adresses à indiquer mais nous ne pensons pas que ce soit ce que vous recherchez. Toutefois, si, pour une raison ou une autre, vous optiez pour cette solution, vous trouverez de précieuses indications en faisant une recherche sur Yahoo! (France) avec comme critère : "hebergement+web". Les prestataires susceptibles de vous procurer un nom de domaine personnalisé pourront aussi vous proposer l'hébergement de vos pages et même leur création.

Adresses utiles _____

Pour avoir un nom de domaine personnalisé

- **Planete.net :** http://www.planete.net

- **Oceanet :** mailto:noc@oceanet.fr

- **Magic On Line :** http://www.magic.fr

- **France Teaser :** http://www.teaser.fr

- **Internet Fr :** http://www.internet-fr.net

- **Internet soft :** http://www.internetsoft.net

Hébergement gratuit de pages Web

- **Chez :** http://www.chez.com

- **Cibercity :** http://www.cibercity.hko.net

- **GeoCities :** http://www.geocities.com

- **Mygale :** http://www.mygale.org

- **Myweb :** http:/myweb.vector.ch

- **Span :** http://www.span.ch

- **Tripod :** www.tripod.com

- **Yahoo! (France) :** http://www.yahoo.fr

CHAPITRE 3

Brefs rappels de HTML

Comme nous l'avons signalé au cours de l'introduction, ce livre n'est pas un cours sur le langage HTML. Il est destiné à vous montrer comment utiliser ce langage à balises pour l'écriture de pages Web personnelles. Aussi nous contenterons-nous de faire ici une brève présentation des commandes HTML les plus utilisées. Certaines d'entre elles, plus importantes et plus délicates, seront développées dans des chapitres particuliers :

- Les liens, au Chapitre 4.

- Les images, au Chapitre 7.

- Les tableaux, au Chapitre 8.

- Les *frames* (cadres), au Chapitre 10.

- Les formulaires, au Chapitre 11.

Nous nous attacherons ici à la version 3.2 de HTML (mai 1996) qui est, mi-97, la dernière "officielle" en date sans omettre certaines extensions Netscape ou Microsoft fréquemment utilisées.

Doit-on connaître HTML ?

Avec le succès du Web, de nombreux éditeurs HTML spécialisés sont apparus. Nous en passerons quelques-uns en revue au Chapitre 6. Certains sont à peine au-dessus de simples éditeurs de texte alors que d'autres travaillent de façon presque entièrement graphique en permettant quasiment à l'auteur Web d'ignorer HTML. Si nous disons "quasiment", c'est qu'on ne peut pas ignorer totalement les commandes HTML, ne serait-ce que pour savoir quelles sont leurs possibilités et, surtout, leurs limitations.

En outre, si perfectionnés que soient les éditeurs HTML de haut niveau, il arrive bien souvent qu'on ne parvienne pas à les utiliser pour obtenir exactement ce qu'on souhaite. La connaissance des attributs de chaque balise HTML permet alors d'affiner la mise en page en intervenant directement, à la main, sur le code généré par l'éditeur. D'autre part, HTML est très évolutif, et entre le moment où un éditeur de navigateur implémente une nouvelle balise et celui où l'éditeur qu'on possède la prend en compte, il peut s'écouler beaucoup de temps. Et on peut très bien ne pas souhaiter engager une dépense supplémentaire pour acquérir la mise à jour indispensable.

Enfin, nul n'est parfait et les éditeurs les plus perfectionnés peuvent générer des commandes HTML inexactes qu'il faudra bien se résigner à rectifier manuellement si on veut obtenir l'effet qu'elles doivent produire.

Commandes HTML

HTML est un langage à balises. Une *balise* est constituée par un mot clé placé entre deux chevrons "<" et ">". Il en existe de deux sortes :

■ **Les marqueurs,** qui sont composés d'une balise à l'intérieur de laquelle figurent éventuellement des attributs sous la forme `nom=valeur`. Exemples :

```
<BR>
<IMG SRC="image.gif", ALIGN="right">
```

■ **Les conteneurs,** qui sont constitués par une balise d'ouverture (ou balise initiale), pourvue ou non d'attributs, et une balise de fermeture (ou balise terminale).

Entre les deux figure l'objet (généralement du texte) sur lequel porte la commande. La balise de fermeture a le même nom que la balise d'ouverture mais elle est précédée d'un slash (/) et ne comporte jamais d'attributs. Exemples :

```
<TITLE>>L'amicale du Vistemboir</TITLE>
<A HREF="http://www.machin.org">Logiciels en tout genre</A>
```

Dans le second exemple, l'objet du conteneur <A> ... </A> est le texte d'appel sur lequel devra cliquer le visiteur pour charger le fichier auquel se réfère l'attribut HREF.

Par convention, les balises s'écrivent généralement en majuscules.

Structure d'un fichier HTML _____

Un fichier HTML (on dit aussi un *document HTML*) commence par <HTML> et se termine par </HTML>. A l'intérieur, on trouve deux parties : l'en-tête et le corps.

L'en-tête du document (<HEAD>)

L'en-tête est matérialisé par un conteneur <HEAD> ... </HEAD> qui renferme des éléments de service qui ne seront pas affichés dans la fenêtre du navigateur. Le principal est le conteneur <TITLE> ... </TITLE> qui définit le titre qui sera affiché dans la *barre de titre* du navigateur. Nous verrons au Chapitre 15 qu'il existe une autre balise, <META>, qui permet de présenter diverses informations concernant la présentation d'une façon intelligible par les moteurs de recherche et qui est donc précieuse pour se faire connaître dans de bonnes conditions.

Ce qui se trouve dans la section d'en-tête n'est pas affiché dans la fenêtre du navigateur. Ce que renferme le conteneur $\langle$TITLE$\rangle$ est affiché dans la barre de titre du navigateur.

Le corps du document (<BODY>)

Le corps est matérialisé par un conteneur $\langle$BODY$\rangle$ ... $\langle$/ BODY$\rangle$ qui renferme les éléments représentant le contenu proprement dit de la page. C'est donc cette partie qui est la plus importante. On y rencontre toutes les balises qui affichent quelque chose dans la fenêtre du navigateur.

> En dehors des balises, tout ce qui se trouve dans le corps du document est considéré comme du texte à afficher, à l'exception de ce qui figure dans un conteneur de commentaire (que nous allons étudier un peu plus loin).

Les entités de caractères

HTML ne connaît que le véritable alphabet ASCII : celui qui se compose de 128 caractères et ne permet donc pas de reproduire les caractères accentués. Par malheur, ceux-ci sont codés différemment selon la plate-forme utilisée et même, parfois, selon le système d'exploitation. Ainsi, pour les PC, sous MS-DOS et sous Windows, la codification adoptée est différente. Pour que HTML puisse être portable sur toutes espèces de machines, il a été défini un système particulièrement contraignant de représentation des caractères accentués appelé *entités de caractères,* et qui consiste à "décrire" le caractère en plaçant cette description entre deux balises spéciales (n'ayant rien à voir avec les balises HTML) : "&"

ATTENTION

et ";". Voici, à titre d'exemple, comment doit s'écrire en HTML la phrase "Il paraît que la ciguë pousse à l'abri des mélèzes, de façon normale, le long du Rhône."

```
Il para&icirc;t que la cigu&euml; pousse &agrave;
l'abri des m&eacute;l&egrave;zes, de fa&ccedil;on normale,
le long du Rh&ocirc;ne.
```

Tous les bons éditeurs HTML sont capables d'effectuer ce type de conversion, soit à la volée, soit sur commande, après que le texte a été tapé normalement.

D'autres caractères doivent être représentés par des entités quand ils figurent dans un texte pour éviter qu'ils soient interprétés comme des caractères de fonction par HTML. Ce sont :

<	&lt;
>	&gt;
&	&amp;

Exemple de document HTML

Voici un exemple de document HTML simple dont l'affichage par Netscape est reproduit sur la Figure 3.1.

```
<HTML>
<HEAD>
<TITLE>L'Amicale des collectionneurs de vistemboirs</TITLE>
</HEAD>
<BODY>
<H1>Vive les vistemboirs !</H1>

<I>L'Amicale des collectionneurs de Vistemboirs</I> vous propose
de faire connaissance avec ce passionnant appareil invent&eacute;
par Jacques Perret, dont on n'a pas oubli&eacute; la
c&eacute;l&egrave;bre phrase, teint&eacute;e &agrave; la fois
```

```
d'amertume et de regret :
"Tu as vendu le vistemboir de ta tante !".
<P>

<UL>
<LI><A HREF="origine.htm">Origine du vistemboir</A>
<LI><A HREF="especes.htm">Diff&eacute;rentes esp&egrave;ces de
    vistemboirs</A>
<LI><A HREF="chasse.htm">La chasse au vistemboir</A>
<LI><A HREF="utilisa.htm">Quelques utilisations pratiques du
    vistemboir</A>
<LI><A HREF="autres.htm">Autres pr&eacute;sentations traitant du
    vistemboir</A>
</UL>

</BODY>
</HTML>
```

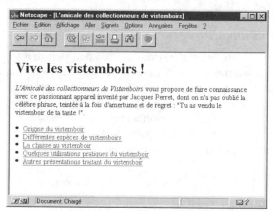

Figure 3.1 : Une page Web très simple.

Imbrication des balises _____

La plupart des balises (marqueurs et conteneurs) peuvent être imbriquées dans un conteneur différent, ou identique dans certains cas particuliers. Il faut toujours que ces imbrications s'effectuent sans croiser les balises. Par exemple, la structure suivante ne donnerait pas de résultat correct :

```
<A HREF="mapage.htm">Venez chez <B>moi</A></B>
```

Normalement, les balises terminales doivent être écrites dans l'ordre inverse de celui des balises initiales.

Principales balises HTML _____

Nous nous limiterons dans ce chapitre à ce qui concerne le texte et les images.

Le commentaire

Le commentaire joue un rôle un peu à part puisqu'il n'apparaît jamais dans la fenêtre du navigateur. C'est un repère, une explication, que l'auteur Web a écrit pour se rappeler quelque chose, comme on le fait habituellement dans tous les langages de programmation. Le commentaire est très spécial parce qu'il commence et finit par deux pseudo-balises échappant à la règle commune HTML. Voici un exemple de commentaire :

```
<!-- Vérifier que cette adresse existe encore -->
```

La spécification HTML stipule qu'un commentaire doit être placé tout seul sur une ou plusieurs lignes et qu'il ne peut pas suivre une véritable commande comme dans :

```
<TR> <!-- historique -->
```

Mais, dans la réalité, la quasi-totalité des navigateurs s'en accommode parfaitement.

Le texte simple

Comme c'est le cas pour le traitement de texte, l'unité de texte est le paragraphe. En outre, les séparateurs tels que l'espace, la tabulation et le retour chariot ne sont pas considérés comme tels mais ont la valeur d'un seul espace, quel que soit le nombre de leurs occurrences consécutives. Autrement dit, le texte suivant :

```
Dame Belette,
Un beau matin,
Du terrier
D'un jeune lapin
S'empara.
```

sera affiché ainsi :

```
Dame Belette, Un beau matin, Du terrier D'un jeune lapin S'empara.
```

Peu importe donc qu'un document HTML soit ou non indenté : cela n'aura aucune influence mais il sera ainsi plus facile à relire. Dans les exemples que nous donnerons, nous userons largement de cette facilité.

> Exception importante à cette règle : le conteneur <PRE> ... </PRE> que nous étudierons un peu plus loin.

Les enrichissements

On appelle ainsi les modifications d'apparence de certains mots ou groupes de mots qu'on affiche en gras, en italique, soulignés... Pour enrichir un texte, on place les mots concernés à l'intérieur d'un conteneur particulier. Il existe deux variétés d'enrichissements : logiques (qui s'attachent à la signification du texte et non à son formatage physique) et physiques (qui précisent le type de formatage à utiliser). Dans ces deux variétés, les balises d'enrichissement les plus usitées sont indiquées dans le tableau suivant :

Signification	Physique	Logique
Gras	`<B> ... </B>`	`<STRONG> ... </STRONG>`.
Italique	`<I> ... </I>`	`<EM> ... </EM>`
Souligné	`<U> ... </U>`	
Police à pas fixe	`<TT> ... </TT>`	
Indice	`<SUB> ... </SUB>`	
Exposant	`<SUP> ... </SUP>`	

Le Listing 3.1 présente un document HTML dans lequel sont illustrés ces enrichissements. On y rencontre aussi d'autres commandes de formatage que nous allons maintenant passer en revue. La Figure 3.2 montre comment Netscape Navigator interprète ce document.

```
<HTML>
<HEAD><TITLE>Le texte simple</TITLE></HEAD>
<BODY>
<H1>Le texte simple</H1>
<H3>La rupture de paragraphe</H3>
Pour cr&eacute;er une rupture de paragraphe et continuer &agrave;
la ligne suivante, on utilise le marqueur &lt;BR&gt; comme dans
cet exemple :

<BR>
```

```
Nous continuons au début de la <B>ligne suivante</B>, sans
qu'une <I>ligne vierge</I> n'ait été
intercalée entre ces <U>deux paragraphes
consécutifs</U>.
<HR>
<H3>La séparation de deux paragraphes
consécutifs</H3>
Placé entre deux <EM>paragraphes consécutifs</EM>,
il les sépare en <STRONG>intercalant</STRONG> une ligne
vierge, ce qui, dans certains cas, permet de <TT>mieux
aérer le texte</TT>.
<P>
On en voit un exemple ici. La formule chimique de l'eau est
H<SUB>2</SUB>O et les géomètres professent que,
dans un triangle rectangle, on peut écrire :Z<SUP>2</SUP> =
X<SUP>2</SUP> + Y<SUP>2</SUP>.
<HR>
<H3>Insertion d'un filet</H3>
Le marqueur &lt;HR&gt; intercale une ligne horizontale (<I>un
filet</I>) entre deux paragraphes
et/ou images. Il commence toujours au début d'une nouvelle
ligne et ce qui le suit commence également au début
d'une ligne.
<HR SIZE="5" WIDTH="75%" NOSHADE>
<HR SIZE="5" WIDTH="250">
</BODY>
</HTML>
```

Listing 3.1 : Utilisation de divers enrichissements.

*Le marqueur
*

Pour créer une rupture de paragraphe et continuer à la ligne
suivante, on utilise le marqueur <BR>. Il admet l'attribut
CLEAR qui peut prendre les valeurs left, right, all et
none et permet d'arrêter l'habillage d'une image par du texte.
Nous retrouverons cet attribut au Chapitre 7.

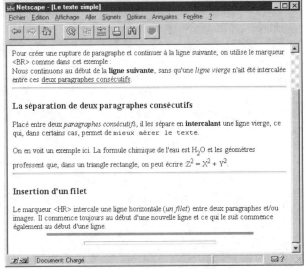

**Figure 3.2 : Exemples de texte simple
avec des enrichissements variés.**

Le marqueur <P>

Placé entre deux paragraphes consécutifs, il les sépare en intercalant une ligne vierge, ce qui permet de mieux aérer le texte. Cette balise peut se comporter comme un marqueur ou un conteneur. Dans ce dernier cas, elle admet un attribut d'alignement que nous retrouverons un peu plus loin.

Le marqueur <HR>

Il intercale une ligne horizontale (un *filet*) entre deux paragraphes et/ou images. Il commence toujours au début d'une nouvelle ligne et ce qui le suit commence également au début d'une ligne. Il admet les attributs suivants :

Attribut	Signification
SIZE	Définit l'épaisseur exprimée en pixels.
WIDTH	Définit sa longueur. En pixels ou en pourcentage de la largeur courante de la fenêtre d'affichage. Cette valeur doit alors être suivie du caractère "%".
NOSHADE	Supprime l'effet de relief qui lui est donné par défaut.
ALIGN	Suivi d'une des valeurs left, center ou right, indique sa position par rapport aux marges lorsque sa longueur est inférieure à l'espace disponible dans la fenêtre d'affichage.

La balise <FONT>

On peut modifier l'apparence du texte affiché dans une page au moyen du conteneur <FONT> ... </FONT> qui admet les attributs suivants :

Attribut	Signification
SIZE	Taille de la police exprimée en unités arbitraires, de 1 à 7 (1 étant la plus petite taille). Par défaut, sa valeur est égale à 3.
COLOR	Couleur d'affichage du texte.
FACE	Liste de polices à utiliser. C'est la première rencontrée, installée sur la machine du visiteur, qui est utilisée.

SIZE peut prendre des valeurs absolues (SIZE="4", par exemple) ou des valeurs relatives (SIZE=-"2", par exemple). Dans ce dernier cas, l'ajustement s'opère par rapport à la taille de police courante.

ATTENTION

Cette balise n'est pas reconnue par tous les navigateurs et, parmi ceux qui savent l'interpréter, l'attribut FACE n'est pas toujours correctement interprété.

Le Listing 3.2 montre un exemple d'utilisation illustré par la Figure 3.3 sur laquelle on ne pourra pas apprécier l'effet de l'attribut COLOR puisque ce livre est imprimé en noir et blanc. Les trois navigateurs utilisés pour cet affichage sont, dans l'ordre : Netscape Navigator, Internet Explorer (tous deux en version 3) et Opera (un logiciel d'origine norvégienne encore en phase de développement, en version 2.12).

Attributs et guillemets

Pour respecter les prescriptions des spécifications HTML, les valeurs d'attributs doivent toujours être entourées de guillemets. Même si l'expérience montre que tous les navigateurs de facture récente s'accommodent fort bien de leur absence, mieux vaut prendre l'habitude de les utiliser.

```
<HTML>
<HEAD><TITLE>La balise <FONT></TITLE></HEAD>
<BODY BGCOLOR="#C0C0C0">
<H1 ALIGN="LEFT">La balise &lt;FONT&gt;</H1>

<FONT FACE="Aristocrat" SIZE="7" COLOR="#FF0000">
Taille 7, rouge, Aristocrat.</FONT>  Taille normale
<BR>
<FONT FACE="Courier" SIZE="3" COLOR="#0000FF">
Taille 3, bleu, Courier.</FONT>  Taille normale
<BR>
```

```
<FONT FACE="Arial" SIZE="1" COLOR="#FFFF00">
Taille 1, jaune, Arial</FONT>  Taille normale
</BODY>
</HTML>
```

Listing 3.2 : La balise <FONT>.

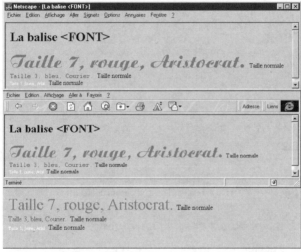

Figure 3.3 : Exemples d'emploi de la balise <FONT>.

Les titres (<Hn>)

Il s'agit ici des titres affichés dans la fenêtre du navigateur par opposition à celui qui est reproduit dans sa barre de titre (balise <TITLE> ... </TITLE>). Il en existe six qui se différencient par leur taille. Un titre est défini dans un conteneur <Hn> avec *n* compris entre 1 et 6, du plus grand au plus petit. La Figure 3.4 montre comment ils se situent par rapport à du texte normal. Comme on peut le constater, à partir du niveau 5, la taille de la police utilisée est inférieure à celle du texte normal. C'est pourquoi on ne descend pratiquement jamais au-dessous du niveau 4.

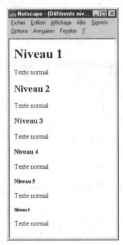

Figure 3.4 : Les six niveaux de titre.

L'alignement des paragraphes

Par défaut, les paragraphes sont alignés en appui à gauche. On peut les centrer ou les aligner en appui à droite au moyen de l'attribut ALIGN= qui peut prendre les valeurs CENTER, RIGHT ou LEFT (*gauche*, valeur par défaut). Netscape Comunicator (version 4.x) reconnaît aussi la valeur JUSTIFY qui permet d'opérer une *justification* (en appui à la fois à gauche et à droite pour avoir des lignes successives d'égale longueur). Plus généralement, cette dernière possibilité devrait être banalisée avec les *feuilles de style*, actuellement en cours d'implémentation chez la plupart des éditeurs de navigateurs. Il existe plusieurs moyens d'effectuer cet alignement, détaillés sur le Listing 3.3 et illustrés par la Figure 3.5.

```
<HTML>
<HEAD><TITLE>Alignement de paragraphes</TITLE></HEAD>
<BODY>
Par défaut, les paragraphes sont alignés en appui à gauche.
On peut les centrer ou les aligner en appui à droite mais
<HR>
<CENTER>il n'existe pas encore de moyen pour les justifier (en
appui à la fois à gauche et à droite pour avoir des lignes
successives
</CENTER>
<HR>
<P ALIGN=CENTER>d'égale longueur). Cette dernière possibilité
existera avec les feuilles de style, actuellement en cours
d'implémentation
</P>
<HR>
<DIV ALIGN=RIGHT>
chez la plupart des éditeurs de navigateurs. Il existe plusieurs
moyens d'effectuer cet alignement.
</DIV>
<HR>
</BODY>
</HTML>
```

Listing 3.3 : Plusieurs façons d'aligner des paragraphes.

La balise <CENTER>

On place le texte à centrer dans un conteneur <CENTER>
... </CENTER>. C'est une extension Netscape assez ancienne et dont l'emploi est déconseillé au profit des deux
balises suivantes qui permettent d'autres alignements.

La balise <P>

Grâce à l'attribut ALIGN= suivi des valeurs left, center
ou right, on peut réaliser un alignement de paragraphe à

gauche, centré ou à droite. Cette balise agit alors comme un conteneur et il ne faut pas oublier de la refermer.

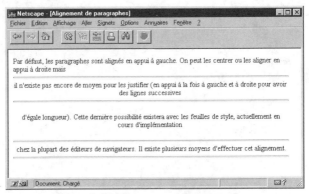

Figure 3.5 : Alignement de paragraphes.

La balise <DIV>

Elle agit comme la balise <P> mais n'introduit pas de ligne vierge supplémentaire entre les paragraphes. D'apparition récente, c'est certainement la plus pratique et nous en recommandons l'emploi. Il est possible d'imbriquer plusieurs "objets" HTML (texte, images, tableaux...) dans cette balise afin de leur imposer un alignement identique sans avoir à répéter <DIV> ... </DIV> pour chacun.

> On peut aussi utiliser l'attribut ALIGN="center" dans un conteneur <Hn>.

La balise <PRE>

Ce conteneur présente deux particularités : tout le texte qui s'y trouve est affiché avec une police de caractères à pas fixe et chaque espace, tabulation et retour chariot conserve sa valeur naturelle. Avant que n'existent les tableaux (que nous étudierons au Chapitre 8), c'était le seul moyen d'afficher des colonnes de chiffres bien alignés. Cette commande peut encore servir à afficher de la poésie, lorsqu'il faut afficher des lignes consécutives avec des rentrées d'alinéa variables et que l'usage de la police Courier est acceptable. La Figure 3.6 nous montre un extrait de la fable de La Fontaine *Le Coq et le Renard,* dont le texte a été saisi avec un scanner et conservé tel quel avec les espaces du texte imprimé.

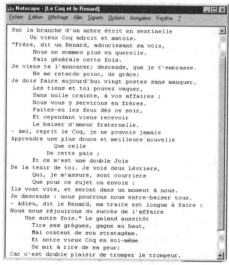

Figure 3.6 : Le conteneur <PRE> peut servir à afficher des vers.

Autres commandes de formatage de texte

Survivance des premières versions de HTML, ces commandes sont de type "logique" mais leur implémentation pratique par les navigateurs, souvent différente de l'un à l'autre, présente l'inconvénient de ne pas les distinguer de façon

ATTENTION

claire. C'est pourquoi nous vous conseillons de vous limiter à celles que nous allons évoquer ci-dessous.

> Avec le seul Netscape Navigator, on peut spécifier une police différente en plaçant le texte situé dans le conteneur <PRE> à l'intérieur d'un conteneur <FONT>.

La balise <ADDRESS>

Elle est utilisée pour regrouper les indications "administratives" concernant l'auteur de la présentation, son adresse (postale et/ou *e-mail*), son numéro de téléphone, la date de dernière mise à jour de la page, le copyright, etc. C'est plutôt une survivance des débuts de HTML car les navigateurs actuels l'interprètent comme les conteneurs <I> et <EM>, c'est-à-dire qu'ils affichent le texte qu'elle contient en italique.

La balise <BLOCKQUOTE>

Elle affiche son contenu avec un léger retrait par rapport aux deux marges (gauche et droite). On peut imbriquer plusieurs balises de ce type pour augmenter le retrait. Nous la retrouverons au Chapitre 5. Le Listing 3.4 illustre son utilisation et la Figure 3.6 montre l'effet obtenu. Vous noterez que le retrait s'effectue de la même quantité sur la marge de gauche et sur celle de droite.

```
<HTML>
<HEAD><TITLE>La balise &lt;BLOCKQUOTE&gt;</TITLE></HEAD>
<BODY>
Normalement, le texte d'un paragraphe est affiché en utilisant
à peu près tout l'espace disponible entre les bords gauche et
droit de la fenêtre du navigateur.
```

```
<HR>
<BLOCKQUOTE>
<HR>
<IMG SRC="amac4.gif" ALIGN="LEFT">
La balise &lt;BLOCKQUOTE&gt; affiche son contenu avec un léger
retrait par rapport à la marge de gauche. On peut imbriquer
plusieurs balises de ce type pour augmenter le retrait, ce qui
nous amènera à en reparler au Chapitre 5. Le Listing 3.4
illustre son utilisation et la Figure 3.6 montre l'effet obtenu.
<BR CLEAR="all">
<HR>
<BR CLEAR="all">
</BLOCKQUOTE>
<HR CLEAR>
</BODY>
</HTML>
```

Listing 3.4 : Utilisation de la commande <BLOCKQUOTE>.

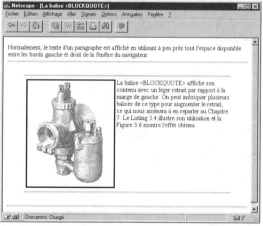

Figure 3.7 : Effet obtenu avec la commande <BLOCKQUOTE>.

La trop fameuse balise <BLINK>

Le conteneur <BLINK> ... </BLINK> est une extension Netscape permettant de faire clignoter le texte qu'il contient. D'une façon générale, mieux vaut l'éviter ou alors réserver son emploi à un ou deux mots isolés d'une page. Sur un paragraphe, l'effet est désagréable. Comme Netscape est seul à la reconnaître, vous risquez de priver beaucoup de visiteurs de l'effet recherché. C'est sans doute préférable ainsi.

Les listes

Parmi les commandes utilisables pour formater une liste, seules trois sont réellement utilisées, les autres étant peu à peu tombées en désuétude étant donné leur peu d'intérêt. Les commandes de listes sont formées d'un conteneur à l'intérieur duquel une balise particulière précède chaque article.

Liste à puces

C'est le type de liste à utiliser pour une énumération où l'ordre des articles est peu important et n'implique pas une progression. Le Listing 3.5 en donne un exemple illustré par la Figure 3.8.

```
<HTML>
<HEAD>
<TITLE>Liste &agrave; puces</TITLE>
</HEAD>
<BODY>
<H1>Quelques vari&eacute;t&eacute;s de g&eacute;raniums</H1>
Les g&eacute;raniums offrent un choix tr&egrave;s important de
vari&eacute;t&eacute;s dans des coloris tr&egrave;s divers allant
```

```
du blanc au rouge violac&eacute; en passant par le rose.
<UL>
<LI>G&eacute;raniums simples
<LI>G&eacute;raniums doubles et semi-doubles
<LI>G&eacute;raniums &agrave; feuillage
<LI>G&eacute;raniums hybrides
<LI>G&eacute;raniums lierre
<LI>P&eacute;largoniums &agrave; grande fleur
</UL>

</BODY>
</HTML>
```

Listing 3.5 : Exemple d'utilisation d'une liste à puces.

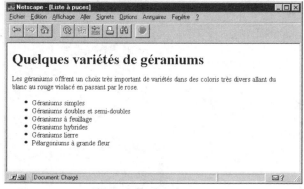

Figure 3.8 : Liste à puces.

Liste numérotée

C'est le type de liste qu'on emploie pour énumérer une suite d'opérations dont l'ordre est important : recette de cuisine, démontage d'un appareil, installation d'un logiciel, etc. Il est possible, au moyen de l'attribut TYPE de modifier le type de numérotation utilisé (numérique, alphabétique, en chiffres romains) ainsi que la valeur de départ (attribut START), mais la progression s'effectue toujours en ordre croissant. Le Listing 3.6 en donne un exemple illustré par la Figure 3.9.

```
<HTML>
<HEAD>
<TITLE>Liste numérotée</TITLE>
</HEAD>
<BODY>
<H1>Recette du far breton</H1>
<OL>
<LI>Faire tremper 24 pruneaux environ une heure dans un peu
    d'eau tiède.
<LI>Faire bouillir 3/4 de litre de lait et laisser
    légèrement refroidir.
<LI>Mettre dans une terrine 200 grammes de farine. Ajouter 200 g
    de sucre et casser 3 gros oeufs.
<LI>Délayer le tout avec le lait chaud. Ajouter une
    pincée de sel et 1 cuillérée d'eau
    de fleur d'oranger.
<LI>Dans un moule préalablement beurré, verser la
    pâte et mettre au four à température
    modérée.
<LI>Lorsque le far commence à épaissir,
    égoutter les pruneaux, les fariner soigneusement
    et les disposer sur le far en les enfonçant
    légèrement.
<LI>Continuer la cuisson jusqu'àce que le far soit bien
    doré sur le dessus.
</OL>

</BODY>
</HTML>
```

**Listing 3.6 : Exemple d'utilisation de liste numérotée
(cette recette est authentique).**

Figure 3.9 : Exemple de liste numérotée.

Liste de définitions

Egalement appelée *liste de glossaire*, cette liste sert, comme son nom le suggère, à associer un mot et un texte d'explication ou de commentaire. A l'intérieur de son conteneur, on trouve deux types d'entrée : le premier pour le mot à définir , l'autre pour la définition ou le commentaire. Le Listing 3.7 en présente un exemple, extrait du *Dictionnaire des mots rares et précieux* publié dans la collection "Domaine français" par les Editions 10/18. La Figure 3.10 montre le résultat obtenu.

```
<HTML>
<HEAD>
<TITLE>Liste de d&eacute;finitions</TITLE>
</HEAD>
<BODY>
<H1>Quelques mots rares et pr&eacute;cieux</H1>
<DL>
 <DT>Clouet
  <DD>Petit ciseau de tonnelier.
```

```
<DT>Cogneux
 <DD>Batte du fondeur en sable.
<DT>Commodat
 <DD>Contrat par lequel une chose est pr&ecirc;t&eacute;e gratuitement,
    &agrave; charge pour l'emprunteur, de la restituer &agrave; une
    date convenue.
<DT>Contemptible
 <DD>Qui m&eacute;rite le m&eacute;pris.
<DT>Contre-appl&eacute;gement
 <DD>Opposition &agrave; la complainte de qui voulait recouvrer la
    possession d'un h&eacute;ritage.
</DL>
<P Align="right">
<I>Dictionnaire des mots rares et pr&eacute;cieux</I> (Ed. 10/18 - 1996)
</P>
</BODY>
</HTML>
```

Listing 3.7 : Exemple d'utilisation de liste de définitions.

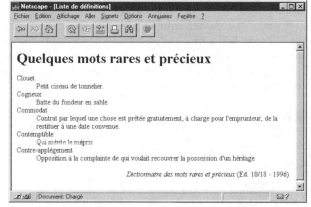

Figure 3.10 : Comment se présente une liste de définitions.

ATTENTION

Netscape Navigator reconnaît l'attribut COMPACT pour le conteneur <DL>. Cet attribut a pour effet d'aligner la définition avec le mot défini quand c'est possible (c'est-à-dire quand le mot à définir n'est pas trop long).

Imbrication de listes

Il est possible d'imbriquer des listes de même nature ou de nature différente. A chaque niveau a lieu un léger retrait par rapport à la marge de gauche, ce qui correspond bien au sens logique de cette imbrication. Le Listing 3.8 en donne deux exemples dont le résultat est reproduit sur la Figure 3.11.

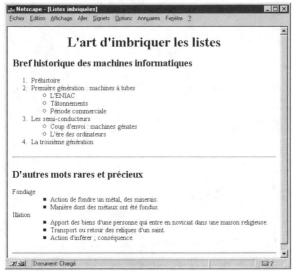

Figure 3.11 : Deux exemples de listes imbriquées.

```
<HTML>

<HEAD>
```

```
<TITLE>Listes imbriqu&eacute;es</TITLE>
</HEAD>
<BODY>
<DIV ALIGN="center"><H1>L'art d'imbriquer les listes</H1></DIV>
<H2>Bref historique des machines informatiques</H2>
<OL>
 <LI>Pr&eacute;histoire
 <LI>Premi&egrave;re g&eacute;n&eacute;ration : machines
    &agrave; tubes
  <UL>
   <LI>L'ENIAC
   <LI>T&acirc;tonnements
   <LI>P&eacute;riode commerciale
  </UL>
 <LI>Les semi-conducteurs
  <UL>
   <LI>Coup d'envoi : machines g&eacute;nates
   <LI>L'&egrave;re des ordinateurs
  </UL>
 <LI>La troisi&egrave;me g&eacute;n&eacute;ration
</OL>
<HR>
<H2>D'autres mots rares et pr&eacute;cieux</H2>
<DL>
 <DT>Fondage
  <DD>
   <UL>
    <LI>Action de fondre un m&eacute;tal, des minerais.
    <LI>Mani&egrave;re dont des m&eacute;taux ont
        &eacute;t&eacute; fondus.
   </UL>
 <DT>Illation
  <DD>
   <UL>
    <LI>Apport des biens d'une personne qui entre en noviciat
        dans une maison religieuse.
```

```
   <LI>Transport ou retour des reliques d'un saint.
   <LI>Action d'inf&eacute;rer ; cons&eacute;quence.
   </UL>
</DL>
<HR NOSHADE>
</BODY>
</HTML>
```

**Listing 3.8 : Comment on peut imbriquer
des listes de types différents.**

Comportement des navigateurs _____

Lorsqu'un navigateur ne sait pas comment interpréter une commande, soit parce qu'elle est mal orthographiée, soit parce qu'il ne la reconnaît pas, il ne donne jamais de diagnostic. Au mieux, il se contente de l'ignorer. Au pire, il tente de faire de son mieux avec, parfois, des résultats catastrophiques. C'est pourquoi il est prudent de tester une présentation Web avec différents types de navigateurs et, si possible, sur différentes plates-formes. C'est une bonne raison pour vérifier un document HTML à l'aide d'un des outils de vérification et de validation dont nous parlerons au Chapitre 13.

Différence d'interprétation des navigateurs

Les Figures 3.12 à 3.14 vous présentent la même page vue successivement avec Netscape Navigator, Mosaic et Opera. Sur cette dernière, on notera la curieuse absence du logo de Netscape, à droite de la figure.

Figure 3.12 : Page Web vue avec Netscape Navigator.

Figure 3.13 : Page Web vue avec Mosaic.

Figure 3.14 : Page Web vue avec Opera.

Pratiquement, aucun auteur Web ne se conforme stricte-
ment aux normes définies (ce pluriel montre d'ailleurs qu'on
ne sait pas trop à laquelle se vouer !). Tant Netscape que
Microsoft se sont plu à ajouter des extensions pour apporter au concepteur de pages Web des moyens supplémentaires d'affiner ses mises en page. Les plus importantes sont
comprises par les deux, parfois avec quelques petites différences d'interprétation. Mais les "outsiders" qui se lancent
sur le marché des instruments de navigation du Web sont
très souvent à la traîne et il en est de même pour les plates-
formes occupant une place plus réduite sur le marché
(Macintosh, UNIX, Amiga...).

Influence des choix du visiteur

D'un autre côté, le visiteur peut configurer son navigateur de la façon qui lui convient et modifier en particulier :

■ **Le format d'affichage.** De nos jours, on s'accorde à dire qu'il faut au moins un affichage de 800 x 600 pixels en 256 couleurs pour bénéficier pleinement du spectacle du Web. C'est particulièrement vrai lorsque la présentation fait usage de *frames* (cadres), que nous étudierons au Chapitre 10. Les Figures 3.15 et 3.16 vous montrent deux affichages ayant une résolution différente.

Figure 3.15 : Affichage en 640 x 480.

■ **Le type de la police d'affichage et sa taille.** Par défaut, les navigateurs utilisent généralement une police à espacement proportionnel de type Times et un corps de 11. Les Figures 3.17 et 3.18 montrent la même page affichée avec la même taille de fenêtre par Internet Explorer, d'abord avec le choix de la police "petite" (Affichage/Polices/Petite), puis avec celui de la police "grande".

Figure 3.16 : Affichage en 800 x 600.

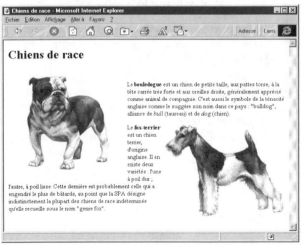

Figure 3.17 : Affichage par Internet Explorer avec une petite police.

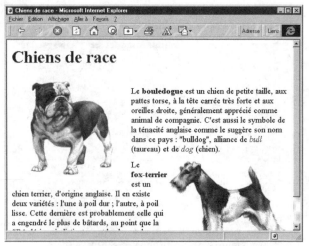

**Figure 3.18 : Affichage par Internet Explorer
avec une grande police.**

■ **L'affichage des images.** Pour gagner du temps ou
parce qu'ils en sont restés au navigateur antédilu-
vien Lynx, certains utilisateurs n'affichent pas les
images. Celles-ci peuvent alors - pour peu que
l'auteur Web l'ait prévu - être remplacées par un court
texte descriptif. La Figure 3.19 montre un menu de
navigation extrait d'une belle présentation graphique vantant la richesse touristique de la Bretagne.
La Figure 3.20 montre la même page après que le
visiteur a désactivé l'affichage des images. Comme
l'auteur de la page a été très imprévoyant en omet-
tant d'utiliser l'attribut ALT= (qui sera étudié au
Chapitre 7), on ne voit plus rien du tout.

**Figure 3.19 : Une page sur la Bretagne
avec affichage des images.**

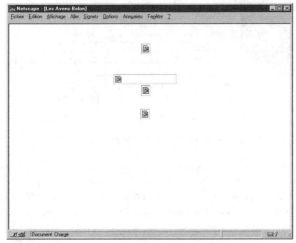

Figure 3.20 : La même page, sans afficher les images.

Au contraire, l'auteur de la page reproduite sur la Figure 3.21, qui est un excellent professionnel ayant d'ailleurs écrit un livre sur la conception de "Web killer sites" (sites Web "super géniaux"), nous montre que, même en désactivant le chargement des images, la navigation sur son site continue de s'effectuer sans difficultés (Figure 3.22).

Figure 3.21 : Une bonne page Web avec un menu de navigation graphique.

Le dilemme du concepteur

En tant qu'auteur, quel choix devez-vous faire ? Devez-vous adopter une attitude minimaliste et n'utiliser que les commandes énumérées dans la dernière norme (HTML 3.2) ? Devez-vous, au contraire, aller de l'avant et faire vôtres les extensions proposées ? Dans ce cas, devez-vous choisir les extensions Netscape - éditeur qui domine le marché - ou celles de Microsoft - qui rattrape bien son retard ? Tout dépend du lectorat que vous cherchez à intéresser et de l'idée que vous vous faites des logiciels qu'il utilise.

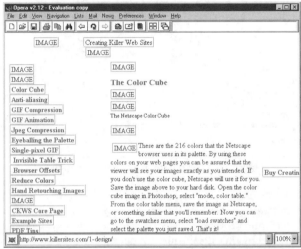

Figure 3.22 : La même page reste tout à fait intelligible lorsque les images ne sont pas affichées.

De toute façon, soyez sûr que vous ne pourrez pas satisfaire tout le monde. Le plus sage est probablement de vous situer quelque part entre ces deux extrêmes et d'éviter tout excès de novation comme d'archaïsme. Pour vous donner quelques éléments de décision, nous reproduisons sur la Figure 3.23 (avec l'aimable autorisation de la revue *Planète Internet*, dans le numéro 17 de laquelle il est paru), un tableau résumant les principales incompatibilités qui existent entre certaines extensions et certains navigateurs :

	Source	Netscape Navigator 3	Internet Explorer 3	Autres navigateurs	Généralisation à moyen terme
<FORM ACTION ="mailto:">	Netscape	✓	⊘	⊘	⊘
Java	Sun	✓	✓	⊘	✓
JavaScript	Netscape	✓	✓	parfois	✓
ActiveX	Microsoft	⊘	✓	⊘	?
VB Script	Microsoft	⊘	✓	⊘	⊘
Frames	Netscape	✓	✓	parfois	✓
Frames sans bordures	Microsoft	✓	✓	⊘	✓
Images réactives côté client	Netscape	✓	✓	parfois	✓
Feuilles de style	HTML 3.2	⊘	partiellement	⊘	long terme
Tableaux	HTML 3.0	✓	✓	souvent	✓

Figure 3.23 : Incompatibilités entre navigateurs.

Comme on peut le voir, les deux ténors du marché, Netscape Navigator et Internet Explorer, supportent la plupart des extensions proposées mais c'est loin d'être le cas pour les autres. Lorsqu'on sait que ces deux navigateurs ont la faveur d'environ 85 % des surfeurs du Web, on peut estimer que leur poids est suffisant. C'est probablement dans le monde UNIX et dans celui des machines à faible diffusion comme l'Amiga[2] que le "progrès" est le plus long à se manifester. D'autre part, l'avant-dernière ligne du tableau justifie la décision que nous avons prise de ne pas parler des feuilles de style dans ce livre, estimant qu'à l'heure actuelle ce serait prématuré.

Si vous vous adressez à des amateurs d'informatique, soucieux d'utiliser la plus récente version de leur navigateur,

---

2. Après presque deux années de tractations et de tergiversations, de repreneur en repreneur, ce serait le constructeur de PC Gateway qui aurait repris la marque et aurait décidé d'en poursuivre la construction et la distribution.

vous pouvez sans crainte utiliser les derniers gadgets. Si votre audience est plus conservatrice et que l'informatique reste pour elle un outil dont le maniement doit être le plus transparent possible et qui, après avoir parfois difficilement maîtrisé les arcanes d'un navigateur quelconque, ne se soucient pas de perdre cet investissement intellectuel, alors, restez-en à l'arrière-garde des commandes HTML (HTML 2.0). Enfin, si votre cible est constituée principalement par des scientifiques, sachez qu'ils utilisent presque toujours des machines UNIX et qu'ils se soucient en général peu de l'aspect clinquant d'une présentation, s'attachant davantage au signifié qu'au signifiant.

Pour en savoir davantage

- Les différentes normes HTML : `http://www.w3.org/WWW/MarkUp`

- HTML 3.2 Reference Specification : `http://www.w3.org/People/Raggett`

- Extensions Netscape : `http://home.netscape.com/assist/net_sites`

- Extensions Microsoft : `http://www.microsoft.com/ie/ie3/features-f.htm`

- Les dix commandements de HTML (en anglais) : `http://www.visdesigns.com/design/commandments.html`

CHAPITRE 4

Structure d'une présentation Web : les liens

Dans un livre, on dispose de deux instruments de navigation : la table des matières et l'index auxquels s'ajoute la possibilité de feuilleter d'un doigt négligent l'ouvrage en se laissant accrocher au passage par tel mot ou telle image. Dans une présentation Web, on souffre de contraintes plus sévères dues au média utilisé. Le visiteur est dans la même situation que s'il visitait une ville inconnue. Voici les trois questions auxquelles il doit pouvoir trouver une réponse :

■ Où est-il ?

■ Où peut-il aller ?

■ Comment peut-il y aller ?

Les réponses sont plus ou moins simples à trouver selon la structure générale de la présentation.

Différents types de structures _____

Il existe plusieurs façons de regrouper les pages d'une présentation, qui peuvent se ramener aux quatre types principaux que nous allons étudier maintenant. Pour l'instant, nous ne nous préoccuperons pas de la façon dont ces liaisons sont réalisées concrètement et nous ne nous attacherons qu'à la structure logique qui réunit les différentes pages, c'est-à-dire les différentes rubriques d'une présentation.

Structure linéaire

C'est la plus simple, mais elle ne convient guère qu'à des sujets élémentaires et ne comportant que peu de pages. La Figure 4.1 en représente l'organisation. C'est une transcription assez fidèle de la façon dont se présenterait une brochure dépourvue de table des matières : on ne peut atteindre un point déterminé qu'en faisant défiler tout ce qui précède. Exactement comme si on avait affaire à une bande magnétique ou à une cassette. Cette succession de pages équivaut logiquement à une page unique de grande longueur. En règle générale, cette structure est à déconseiller car le seul avantage qu'elle présente est une mise à jour très simple.

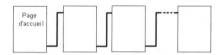

Figure 4.1 : Présentation Web à structure linéaire.

C'est le type d'organisation qui convient bien à la description d'un processus administratif ou d'une fabrication, comme, par exemple, celle d'un disque compact :

1. Enregistrement de l'oeuvre

2. Mixage

3. Livraison de la bande à l'usine de pressage

4. Confection d'un disque compact de base

5. Fabrication du père et de la mère de gravure

6. Pressage

7. Sérigraphie de l'étiquette

8. Mise sous boîtier avec couverture et notice

9. Mise sous blister

10. Conditionnement par carton

11. Livraison au grossiste

12. Livraison au détaillant

Mais si ces opérations doivent se dérouler scrupuleusement dans cet ordre avant que le produit fini n'atterrisse dans les bacs du disquaire, le visiteur de cette présentation Web pourrait fort bien n'être intéressé que par telle ou telle étape de la fabrication et pas par les autres. Il est donc contraignant de l'obliger à tout dévider avant de pouvoir atteindre l'étape qu'il veut détailler.

On peut perfectionner cette structure en créant un cheminement vers la page qui précède en même temps que vers celle qui suit (Figure 4.2). Dans la réalité, c'est réalisé automatiquement par les commandes de base des navigateurs : page précédente et page suivante.

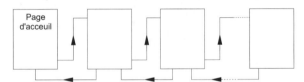

Figure 4.2 : Présentation Web à structure linéaire bidirectionnelle.

On peut encore améliorer substantiellement ce type de présentation en prévoyant des chemins de remontée à partir de chaque page pour pouvoir atteindre n'importe quelle autre page. On arrive ainsi à ce que nous appellerons une *structure rayonnante.*

Structure rayonnante

En réalité, les choses se présentent rarement d'une manière aussi rigide, laquelle relève davantage du despotisme que de la démocratie. Aussi faut-il préférer l'organisation détaillée sur la Figure 4.3 qui prévoit une page d'accueil avec un menu à partir duquel vous pouvez choisir la rubrique qui vous intéresse.

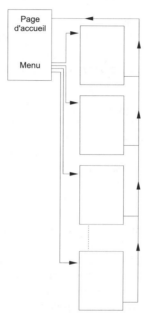

Figure 4.3 : Présentation Web à structure rayonnante.

Au bas de la page de chacune des rubriques se trouve un renvoi vers le menu de la page d'accueil, ce qui fait qu'on peut aller n'importe où, quel que soit l'endroit où l'on est.

En compliquant un peu, on peut définir une organisation plus satisfaisante qui n'oblige pas à remonter vers la page d'accueil pour atteindre une autre rubrique. Pour cela, il suffit de répéter le menu de la page d'accueil au bas de chacune des autres pages. Toutefois, il ne faudra pas oublier de désactiver le lien vers la page où l'on se trouve en reproduisant son libellé ou son image, mais sans y mettre d'appel de lien, c'est-à-dire de possibilité d'utiliser celui-ci.

Ces menus sont généralement disposés de façon horizontale afin de minimiser le défilement de la page.

Structure hiérarchisée

C'est le type de structure qui convient bien à des classifications où une rubrique se divise en sous-rubriques qui, à leur tour... Il ne faut pas se dissimuler que cette disposition donne un caractère mécaniste à la présentation et qu'il faut donc la réserver à des sujets comme les fichiers d'aide ou ceux qui ont déjà une organisation naturelle hiérarchisée comme c'est le cas pour les plantes ou les oiseaux vus sous l'angle scientifique. Le problème qui se pose dans ce type de structure est de décider si de n'importe quelle sous-rubrique on peut aller directement vers n'importe quelle autre sous-rubrique (ce qui n'est pas toujours logique). Le visiteur a souvent beaucoup de mal à se situer et le mieux est sans doute de lui donner la possibilité d'examiner un plan d'assemblage des pages avec un repère "Vous êtes ici", comme dans les plans de ville. Nous y reviendrons un peu plus loin. La Figure 4.4 montre comment se présente cette structure.

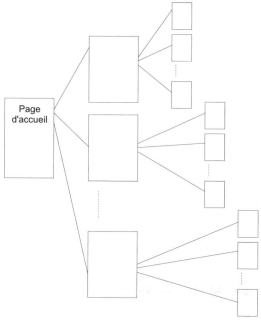

Figure 4.4 : Présentation Web à structure hiérarchisée.

Structure complexe

Rien n'empêche de panacher ces différents types de structures et d'aboutir à des structures bien adaptées au sujet. L'important est que le résultat révèle une organisation claire et logique. Si on aboutit à quelque chose qui ressemble à ce que représente la Figure 4.5, c'est qu'on n'a pas su dégager les idées force de sa présentation et qu'il faut la repenser. Ce n'est pas parce que le Web est une toile d'araignée mondiale qu'une présentation doit adopter ce type de structure.

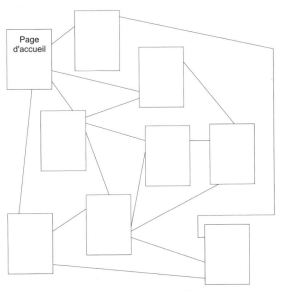

Figure 4.5 : Présentation Web traduisant un manque de structure logique.

Lorsqu'on en arrive là, il est conseillé de réaliser un découpage, au sens où ce terme est utilisé au cinéma (un *storyboard*, en franglais), au besoin avec un panneau de liège et des ficelles de différentes couleurs.

Différents types d'approche

Lorsqu'on voit les manuscrits de Balzac ou ceux d'Alphonse Daudet, on s'aperçoit qu'ils ont eu du mal à parvenir à la forme définitive qui a assuré leur gloire. Ce ne sont que ratures, biffures et annotations marginales. Il n'y a donc pas de honte à être incapable d'élaborer du premier jet une composition, de quelque nature qu'elle soit, qui soit exactement le reflet de ce qu'on voulait exprimer. Il existerait cependant des cerveaux supérieurement organisés et dont le mécanisme s'apparente à celui d'un ordinateur, qui sont capables de percevoir l'ensemble d'une structure et qui n'y reviendront plus ensuite.

Approche globale

On décide d'emblée de l'organisation, de la structure et des différentes rubriques qui constitueront la présentation et on y passe le temps nécessaire, bien décidé à n'y plus revenir par la suite. C'est le genre d'approche qui convient très bien à de grands projets réalisés en équipe et qui supposent une répartition des taches. Il est clair que si le chef de projet a brusquement, un mois après le début des travaux, une idée géniale, il ne peut pas remettre tout en question et réduire ainsi à néant le travail effectué par ses collaborateurs. Selon cette approche, qui s'apparente à celle des grands travaux architecturaux, on accepte donc de perdre du temps au départ et on décide qu'il ne sera jamais question de remettre tout en question. Tout au plus pourra-t-on modifier tel ou tel détail sans remettre en cause l'ensemble.

Approche progressive

C'est celle de l'auteur isolé qui n'a de compte à rendre à personne d'autre qu'à lui-même et réalisera seul l'écriture de toutes ses pages. Au départ, il a une petite idée de ce qu'il veut faire mais il n'en est pas sûr. Et peut-être doute-t-il de lui-même. Pour plus de sécurité, il va donc commencer par écrire une esquisse de page d'accueil avec quelques liens et produire des brouillons de pages dans lesquels il pourra, par exemple, se limiter à quelques titres. Une fois ces fragments mis sur disque, il va jouer avec, tenter de passer de l'un à l'autre pour se rendre compte de l'impression que ressentirait un visiteur.

Ainsi, de retouche en retouche, notre auteur va pouvoir éliminer des approches qu'il aura jugées mauvaises ou inefficaces
pour trouver celle qui lui paraît convenir le mieux à sa pensée.
En général, il n'est pas pressé par le temps et il peut se permettre de longs tâtonnements. Cette démarche s'apparente à celle
de l'expérimentateur ou de l'explorateur et participe davantage
de l'esprit de finesse que de l'esprit de géométrie.

S'il y a remise en cause globale au cours de ces réflexions et
essais, cela ne sera pas dramatique car il n'y aura pas telle-
ment de véritable travail perdu : on ne mettra pas au panier
des pages bien léchées et qui auraient demandé beaucoup
de recherches documentaires ou iconographiques. C'est un
peu la situation de l'écrivain devant sa page blanche qui
noircit quelques feuillets, les relit et les chiffonne avant de
les jeter dans sa corbeille à papiers puis recommence plusieurs fois avant d'estimer qu'il a trouvé le bon départ. Ensuite tout s'enchaînera bien, espère-t-il.

Dans la réalité

Il est rare d'avoir des approches aussi manichéennes que
celles que nous venons d'esquisser et, en ce qui concerne la
page Web personnelle, objet de ce livre, nous conseillons
fortement à notre auteur de ne pas se lancer à l'aveuglette
dans la réalisation d'un site Web ambitieux. Qu'il commence
d'abord par se familiariser avec l'écriture du Web en faisant
de petites présentations. Lorsqu'il aura acquis suffisamment
d'expérience, il discernera mieux d'emblée l'organisation
qu'il doit adopter. Il est plus facile de faire ses premiers pas
avec une sonate qu'avec une grande symphonie mais, dans
les deux cas, mieux vaut avoir une idée du plan d'ensemble.

L'identification de chaque page _____

C'est un "détail" qu'on ne trouve que rarement dans les pages personnelles mais auquel les professionnels attachent de l'importance. Il est souvent réalisé sans qu'on ait à s'en préoccuper par l'affichage dans la fenêtre du navigateur de l'adresse de la page affichée. La dernière partie de cette adresse est le nom du fichier qui est affiché. Mais le choix de ce nom peut n'avoir qu'un rapport lointain avec ce qui est représenté : `page34_2.htm` ne nous dira pas le nom de la rubrique que nous avons sous les yeux.

Souvent, une page commence par un titre qui est suffisamment explicite. Dans ce cas, l'identification peut être suffisante. Si ce n'est pas le cas, il est bon de prévoir, en tête de chaque page, un titre de niveau 3 ou 4 (`<H3>` ou `<H4>`), une couleur particulière et en appui à droite, qui indique brièvement le nom de la rubrique traitée, comme le montre la Figure 4.6.

Figure 4.6 : Identification de la page affichée.

Le cheminement dans une présentation Web

Dans une présentation Web, la navigation s'effectue par le moyen de *liens hypertexte*. Vu leur importance, nous allons nous attarder quelque peu sur leur utilisation. Que vous ayez déjà pratiqué Windows ou le Macintosh, vous avez certainement eu l'occasion de rencontrer l'hypertexte lorsque vous utilisez l'aide en ligne. Un texte s'affiche alors, dans lequel certains mots sont mis en relief d'une façon ou d'une autre (soulignés ou d'une autre couleur). Vous avez remarqué qu'en cliquant dessus une autre rubrique d'aide s'affichait, et ainsi de suite. C'est cela, l'hypertexte !

Comme pour tout lien, on distingue deux extrémités :

■ *L'appel de lien*, qui est constitué par un ou plusieurs mots ou par une image repérés d'une façon particulière. C'est en cliquant sur cet *objet* que le visiteur activera le lien.

■ La destination, qui définit l'endroit de la page qui sera affiché. Cette page peut être la même que celle contenant l'appel de lien ou toute autre page située sur le même serveur ou sur n'importe quel serveur de l'Internet.

Par défaut, les appels de liens sont le plus souvent affichés en bleu et soulignés, mais on peut modifier cette couleur au moyen des attributs LINK, ALINK et VLINK du conteneur <BODY>. Ils s'écrivent à l'aide d'un conteneur <A>, de la façon suivante :

```
<A HREF=URL>texte ou image</A>
```

URL peut prendre l'une des formes suivantes :

■ `http://www.monserveur.fr/dupont/mapage.htm`. On dit alors qu'on a affaire à un lien absolu. C'est la forme utilisée pour établir des liens vers des pages écrites par d'autres auteurs et hébergées sur d'autres serveurs. On la rencontre principalement dans des rubriques telles que "Mes sites préférés".

■ `otrepage.htm`. Ici, il s'agit d'un appel de lien relatif. Le fichier chargé (`otrepage.htm`) doit se trouver dans le même répertoire que celui de la page d'où il a été appelé. C'est la forme la plus couramment usitée dans les différentes pages d'une même présentation.

■ `#ailleurs`. C'est l'équivalent du GOTO cher aux programmeurs en BASIC. On ne charge pas d'autre page mais le contenu de la fenêtre du browser est modifié pour afficher la partie de la page commençant à cette *étiquette*. Pour définir cette étiquette, on utilise une forme particulière du conteneur <A> qui est alors réduit à sa seule balise initiale :

```
<A NAME="ailleurs">
```

Le caractère "#" ne doit pas figurer dans l'étiquette (à la suite de l'attribut NAME) mais uniquement dans l'appel du lien (à la suite de l'attribut HREF). Les appels doivent respecter scrupuleusement l'orthographe des noms d'étiquettes, minuscules et majuscules comprises.

ATTENTION

■ `http://www.monserveur.fr/dupont/mapage.htm#remontage`. C'est la façon d'atteindre directement telle ou telle rubrique d'une longue page. Bien que syntaxiquement correcte, cette forme dénote généralement que la page à l'intérieur de laquelle on veut ainsi parvenir mériterait d'être décomposée en plusieurs pages.

URL relatives et URL absolues

On a toujours avantage à utiliser des URL relatives plutôt que des liens absolus. En effet, si on est amené à changer de serveur pour l'hébergement de sa présentation Web, il faudra modifier un par un tous les appels de liens absolus concernant ses propres pages puisque l'adresse du serveur et probablement le répertoire attribué seront différents. Alors qu'avec des liens relatifs, seul changera l'URL de la page d'accueil, c'est-à-dire celui qui sera porté à la connaissance des visiteurs, aucun changement n'étant nécessaire dans les appels de l'ensemble de la présentation.

Les liens peuvent être *externes* ou *internes.* Ils sont externes lorsqu'ils pointent vers une page située sur un autre serveur que celui de la page d'appel, et internes lorsque le document à charger se trouve sur le même serveur. On termine souvent une présentation Web par une liste de liens externes placée dans une rubrique appelée, par exemple , "Mes sites préférés" ou "Autres présentations sur le même sujet". Presque toujours il s'agit de liens externes (à moins qu'on ne veuille faire connaître les autres pages qu'on a pu écrire, comme on le trouve souvent dans les premières pages d'un livre sous le titre : "Du même auteur ").

Lorsque vous voulez placer un lien vers une présentation traitant de sujets voisins de celui abordé par la vôtre, demandez à son auteur la permission d'y faire référence. Presque toujours il en sera flatté et ne pourra mieux faire que de vous rendre la politesse. C'est un moyen déguisé et un peu hypocrite de se faire référencer.

> **Evitez de placer dans vos pages des appels de liens vers des présentations qui pourraient être "douteuses". En Allemagne, des poursuites ont ainsi été intentées contre l'auteur d'une page contenant un lien vers un site Web "immoral".**

Appels de liens par du texte

Voici un exemple de ces trois formes d'appels de liens :

```
<HTML>
<HEAD>
<TITLE>Appels de liens</TITLE>
</HEAD>
<BODY>
<H1>Le meilleur oeuf &agrave; la coque</H1>
La cuisson de l'oeuf &agrave; la coque a fait et continue de faire
l'objet de nombreuses controverses. Pour ma part, j'ai
&eacute;tabli <A HREF="#ma recette">une recette</A> bas&eacute;e
sur une exp&eacute;rience de plusieurs ann&eacute;es et que les
gourmets s'accordent &agrave; reconna&icirc;tre comme de bonne
qualit&eacute;. Un de mes coll&egrave;gues a propos&eacute;
<A HREF="http://www.lacuisine.fr/dupond/coque.html">une autre
recette</A> qui, sans atteindre &agrave; la m&ecirc;me
qualit&eacute;, apporte certaines simplifications (il n'utilise
pas d'eau d&eacute;min&eacute;ralis&eacute;e, par exemple, pour la
cuisson).
<BR>
Pour des renseignements plus complets, on pourra se
r&eacute;f&eacute;rer &agrave; une <A HREF="publis.htm">liste des
publications</A> que j'ai effectu&eacute;es sur ce sujet.
```

```
[...]

<A NAME="ma recette">
<H3>Ma recette de l'oeuf &agrave; la coque</H3>
<P>
[...]
<P>
</BODY>
</HTML>
```

La Figure 4.7 montre comment se présente cette page sur l'écran.

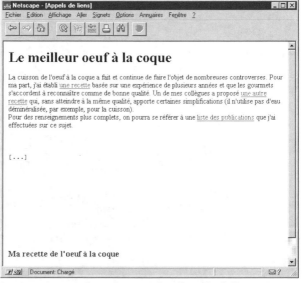

Figure 4.7 : Trois exemples d'appels de liens.

Cliquez ici

Trop souvent, dans les présentations négligées, on trouve des appels de liens formulés sous la forme présentée par la Figure 4.8. Cette formule passe-partout est l'indice d'un manque total d'imagination et de soin. C'est comme si vous montriez du doigt l'objet à atteindre parce que vous êtes incapable de le désigner de façon intelligible. **A éviter absolument !** La Figure 4.9 vous montre comment vous pourriez rédiger ces appels de liens d'une façon qui les amène tout naturellement dans le texte.

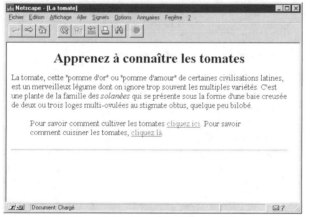

Figure 4.8 : L'horrible "cliquez ici".

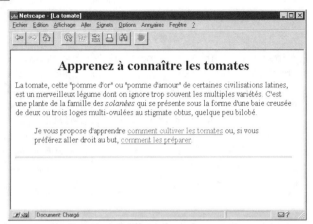

**Figure 4.9 : Une bien meilleure façon de présenter
des appels de liens.**

Appels de liens par des images

Un appel de lien peut aussi s'effectuer au moyen d'une image
ordinaire. Nous en dirons davantage au Chapitre 7. Pour le
moment, nous nous contenterons de donner un exemple :

```
<H2>Curiosités à visiter</H2>
Le port des mareyeurs <A HREF="leport.htm">
<IMG SRC="port.gif"></A>
<BR>
Le mail des joueurs de boule <A HREF="lemail.htm">
 <IMG SRC="boules.gif"></A>

[...]
```

Ici, c'est sur les images qu'il faudra cliquer pour appeler les
pages correspondantes. Notez qu'on aurait pu aussi inclure

le texte entre les deux balises <A>, permettant ainsi au visiteur de cliquer soit sur le texte, soit sur l'image :

```
<A HREF="leport.htm">Le port des mareyeurs
  <IMG SRC="port.gif"></A>
```

On peut également utiliser une catégorie d'images spéciale, les *images réactives*, qui consiste à décomposer une seule et même image en plusieurs zones de formes géométriques. En cliquant sur tel ou tel endroit on appelle telle ou telle page. Nous en reparlerons au Chapitre 7.

Les menus de liens

Les liens peuvent intervenir directement dans le texte, de façon naturelle, comme dans l'exemple de l'oeuf à la coque. Mais dans la page d'accueil, là où on doit proposer à son visiteur un choix de rubriques à explorer, il est préférable de les regrouper pour composer des menus de liens. Pour cela, on utilise généralement une liste à puces. Si on veut améliorer la présentation du menu, on peut aussi utiliser des boutons de navigation graphiques ou une image réactive. La Figure 4.10 en donne un exemple simple à base de texte pur dont le listing est reproduit ci-dessous :

```
<HTML>
<HEAD>
<TITLE>L'amicale des collectionneurs de vistemboirs</TITLE>
</HEAD>
<BODY>
<DIV ALIGN=CENTER>
<FONT SIZE=7>V</FONT><FONT SIZE=5>ive le </FONT>
<FONT SIZE=7>V</FONT><FONT SIZE=5>istemboir !</FONT>
</DIV>
```

```
<P>
<I>L'Amicale des collectionneurs de vistemboirs</I> vous propose
de faire connaissance avec ce passionnant appareil invent&eacute;
par Jacques Perret, dont on n'a pas oubli&eacute; la
c&eacute;l&egrave;bre phrase, teint&eacute;e &agrave;
la fois d'amertume et de regret : "Tu as vendu le vistemboir
de ta tante !"
<P>
<UL><UL>
<FONT SIZE="+1" >
<UL>
<LI><A HREF="origine.htm">Origine du vistemboir</A>
<LI><A HREF="especes.htm">
   Diff&eacute;rentes esp&egrave;ces de vistemboirs</A>
<LI><A HREF="chasse.htm">La chasse au vistemboir</A>
<LI><A HREF="utilisa.htm">Quelques utilisations pratiques du
  vistemboir</A>
<LI><A HREF="autres.htm">
   Autres pr&eacute;sentations traitant du vistemboir</A>
</UL>
</FONT>
</UL></UL>
</BODY>
</HTML>
```

ATTENTION

Pour qu'il reste pratique à utiliser, le menu de liens ne doit pas offrir trop de possibilités au visiteur. On s'accorde à dire que le maximum de rubriques à proposer est de l'ordre d'une dizaine. D'aucuns conseillent même de ne pas dépasser sept. Un nombre trop élevé de choix de navigation est souvent le signe d'une analyse insuffisante de l'organisation de la présentation car il est toujours possible de subdiviser les rubriques principales et d'indiquer dans leur libellé la liste de ces subdivisions.

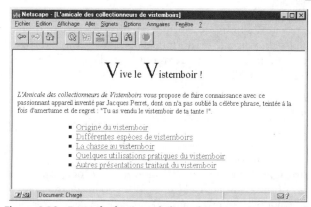

Figure 4.10 : Exemple de menu de liens dans une page d'accueil.

Lorsque, au bas de chaque page, on veut offrir au visiteur un menu pour qu'il sache où poursuivre son exploration sans avoir à remonter à la page d'accueil, on adopte souvent une disposition horizontale, comme celle qu'illustre la Figure 4.11.

Figure 4.11 : Menu de liens au bas d'une page.

L'utilisation raisonnée de la couleur, en même temps que la brièveté des noms de rubriques, rend ce menu parfaitement clair. On voit que la rubrique dans laquelle on se trouve (la chasse au vistemboir) ne comporte pas d'appel de lien (puisque ce mot n'est pas souligné).

Un plan de situation

Nous avons vu que, dans le cas d'une structure hiérarchisée, il était bon de prévoir un plan illustrant de façon schématique la structure globale de la présentation et auquel on puisse accéder par un appel de lien. La Figure 4.12 en donne un exemple concret, illustrant en même temps l'organisation de la présentation.

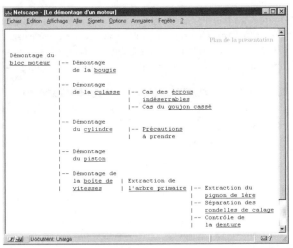

Figure 4.12 : Plan de situation d'une présentation Web.

Bien que cela implique un surcroît de travail non négligeable, il est généralement préférable de réaliser un plan de situation graphique, par exemple au moyen d'une image réactive (voir le

Chapitre 7), comme le montre la Figure 4.13, qui reproduit le plan du site Web français du constructeur de modems USR. On a ainsi directement sous les yeux l'ensemble de la structure d'un site qui peut être assez complexe. Toutefois, vouloir descendre à un niveau de détail poussé peut conduire, comme c'est le cas ici, à des inscriptions difficilement lisibles car écrites en trop petits caractères. D'autre part, l'utilisation adroite de la couleur aurait pu contribuer à mieux délimiter les différents secteurs importants (Actualités, Produits, la Société) de la présentation ; alors qu'ici, tous les pavés sont uniformément de teinte pourpre. Un écran 800 x 600 n'est pas de trop pour illustrer la structure d'un site aussi ramifié. Pour une présentation, personnelle - généralement plus ramassée - faites en sorte que votre plan puisse tenir dans un écran au format 640 x 480 de façon à pouvoir être perçu globalement par la quasi-totalité des visiteurs sans qu'ils aient besoin d'utiliser les barres de défilement.

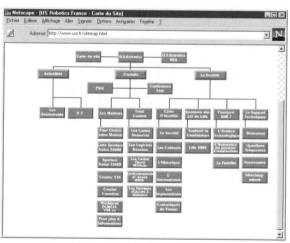

Figure 4.13 : Plan de situation graphique.

Bien entendu, chaque rectangle doit comporter une indication claire de la rubrique intéressée (ce que nous n'avons pas complètement fait dans cet exemple). La reproduction en noir et blanc de cette figure ne permet pas de voir que les quatre rectangles de gauche sont en bleu, celui de la Suisse, en bleu clair, et les autres en noir. Les liaisons sont faites en rouge.

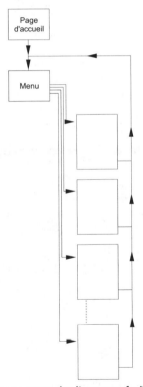

Figure 4.14 : Le menu des liens peut facilement être disjoint de la page d'accueil.

Dans certains cas, on ne veut pas que le visiteur puisse entrer dans une rubrique autrement que par son début. Il suffit simplement de ne pas trop détailler le plan et d'éviter de placer n'importe où des liens pouvant conduire à ces pages. De la même façon, il n'est pas toujours souhaitable de pouvoir revenir à la page d'accueil, en particulier lorsque celle-ci contient un compteur d'accès. Faute de quoi les retours à cette page incrémenteraient indûment le compteur, ce qui serait malhonnête. La solution consiste alors à renvoyer vers une page de liens séparée selon le schéma de la Figure 4.14 ou à utiliser des *frames* qui proposent constamment un menu de liens dans une zone de l'écran réservée, comme le montre la Figure 4.15. Nous étudierons en détail cette dernière possibilité au Chapitre 10.

Figure 4.15 : Utilisation de frames pour afficher un menu de liens en permanence.

CHAPITRE 5

Composition
et mise en page

Vous avez choisi votre sujet ; vous avez défini la structure de votre présentation ; vous avez réuni les documents iconographiques nécessaires. Il ne vous reste plus qu'à passer à l'acte, c'est-à-dire à rédiger le texte qui va concrétiser votre présentation, et à disposer harmonieusement les illustrations qui vont mettre ce texte en valeur.

Règles générales

Le visiteur d'une présentation Web n'aime pas avoir sous les yeux de longs textes touffus, peu illustrés et très chargés en informations. Ce qu'il souhaite, c'est voir se dégager une structure nette, trouver des titres et des sous-titres précis, apprécier une mise en page aérée et contempler des illustrations qui collent au texte. Il n'aime pas s'attarder parce qu'il sait que, pendant qu'il lit, le compteur de France Télécom tourne. Bien sûr, il lui reste la solution de sauvegarder la page qu'il a sous les yeux sur son disque dur mais, ce faisant, il risque de perdre les illustrations qui l'émaillaient, à moins qu'il ne les sauvegarde une par une.

Et les aspirateurs de Web ?

On fait grand bruit autour de ces aspirateurs de Web tels que WhebWacker ou MemoWeb qui procèdent automatiquement à une sauvegarde de sites complets : textes, images, sons... Ils permettent de revisiter tout un site en étant déconnecté. Mais il a fallu, auparavant, passer plus de temps à télécharger tous les fichiers du site qu'on n'en aurait passé en étant normalement connecté. Prôner l'usage de ces outils, c'est oublier qu'on ne va pas visiter systématiquement toutes les pages d'un site. Lorsqu'on commence à en afficher une qui ne correspond pas à ce qu'on cherche, on arrête immédiatement et on passe à la suivante. Encore un de ces produits attrape-gogo tout juste bons à engraisser quelques éditeurs malins et à grossir votre note de téléphone !

Nous avons déjà insisté sur l'importance d'une navigation claire. Il faut que les points où aboutissent ces chemins bénéficient de cette clarté et que d'un seul coup d'oeil on puisse distinguer l'essentiel de l'accessoire. Nous allons essayer de passer en revue quelques-unes des règles à suivre pour y parvenir.

Le look and feel

D'une page à l'autre, le lecteur doit retrouver la même disposition générale : même type de composition typographique, mêmes indentations, mêmes couleurs appliquées aux mêmes objets. Si, par exemple, vous avez choisi d'utiliser la couleur rouge pour les titres importants, conservez-la pour toutes vos pages. Si votre menu de navigation se trouve en tête de page, ne le mettez pas au bas d'une page.

Les paragraphes

Prenez l'habitude de faire des paragraphes courts (pas plus d'une dizaine de lignes en 640 x 480, affichage normal) et à ne pas en disposer plus de trois ou quatre à la suite sans intertitre. Pour améliorer la lisibilité, pensez aux listes à puces qui vous permettront de faire des énumérations d'objets ou d'idées sans alourdir votre paragraphe.

Les images

Disposez les images là où elles ajoutent réellement quelque chose au texte et à l'endroit où le visiteur pourra les voir sans avoir besoin de faire défiler la fenêtre du navigateur. Choisissez-les de préférence de taille modeste ou, si vous ne pouvez pas faire autrement, proposez des vignettes, comme nous le verrons au Chapitre 7.

Où se procurer des images ? Nous vous avons déjà signalé le danger qu'il y avait à reprendre des images publiées dans des revues ou des journaux, des cartes postales ou tout autre support dont on peut penser à juste titre qu'il bénéficie d'un copyright. Alors, pourquoi ne pas utiliser des photos personnelles ? Un scanner A4 de bonne qualité coûte actuellement (mi 97) moins de 2 000 francs. Peu rentable pour les seules photos publiées dans une présentation Web, vous lui découvrirez une foule d'utilisations diverses dont la possibilité de transformer votre ordinateur en photocopieuse si vous avez une imprimante laser.

Depuis peu sont apparus des appareils de photo numériques à un prix abordable (à partir de 2 000 francs pour le bas de gamme, le double pour la gamme moyenne). Par exemple, le Canon PowerShot 350, en équipement de base, peut enregistrer jusqu'à 25 images JPEG de qualité dite "normale" (qui est très satisfaisante) ou 12 de qualité supérieure en 24 bits par pixel (16 millions de couleurs). Par une connexion sur le port série d'un ordinateur (PC ou Macintosh), on récupère facilement ces images. En évitant le passage par le scanner, on obtient finalement des images plus fines et avec un meilleur équilibre des couleurs. Il faut naturellement ramener le nombre de couleurs à 256 pour une bonne utilisation sur le Web sans atteindre des temps de chargement prohibitifs.

ATTENTION

> Pour personnaliser vos pages, vous pouvez vous créer un logo comme en ont toutes les marques, logo qui apparaîtra discrètement en haut de chaque page ou en filigrane, en fond de page. C'est l'équivalent moderne du sceau qu'on apposait sur les cachets de cire.

Le texte lui-même

N'abusez pas des enrichissements : l'accumulation des mots en gras, en italique ou soulignés, fatigue la vue et, dans un tel désordre, le lecteur ne parvient plus à distinguer ce qui est réellement important. Pour la même raison, n'utilisez pas plusieurs polices de caractères. Comme nous l'avons signalé au chapitre précédent, le conteneur <FONT> n'est pas reconnu par tous les navigateurs. Raison de plus pour éviter de l'utiliser. Cette accumulation d'ornements sous une forme ou une autre est l'erreur classique des débutants. Si vous voulez donner l'impression que vous maîtrisez bien les techniques de publication sur le Web, évitez de la commettre.

Quant au style à utiliser, appliquez-lui les mêmes contraintes que pour les paragraphes : adoptez des constructions de phrases simples, évitez les nombreuses subordonnées dans le dédale desquelles le lecteur risque de se perdre. Sauf si votre page est en réalité un roman à épisodes, gardez-vous de faire usage d'un style trop littéraire : mieux vaut se rapprocher du style d'une note technique que d'essayer de faire du Céline. Nous ne sommes pas sûrs que les aventures du commissaire San Antonio seraient réellement aussi captivantes si Frédéric Dard avait décidé de les publier sur le Web.

Le vocabulaire et l'orthographe

Ils doivent être adaptés au sujet traité et à l'auditoire que vous cherchez à atteindre. Si c'est une page de vulgarisation, adoptez un langage familier. Si vous vous adressez à des spécialistes, ne craignez pas d'utiliser un vocabulaire technique. En dehors de FrontPage de Microsoft, les éditeurs HTML ne disposent généralement pas d'un vérificateur d'orthographe incorporé. Dans la mesure du possible, composez alors vos textes avec un traitement de texte qui en possède un de façon à éviter les fautes les plus grossières ; tout le monde n'a pas le don de l'orthographe. Si vous voulez inviter vos lecteurs à fréquenter une mailing list qui vient d'être créée, éviter d'orthographier ainsi votre appel (extrait garanti absolument authentique) :

```
Venez nous rejoindre sur la nouvelle liste PC, elle a commencer
depuis hier. Je répètes pour ce qui n'ont pas lut le message
intituler NOUVELLE LISTE PC, la façon de si abonner.
```

A la fin de ce chapitre, nous vous donnerons quelques références d'ouvrages qui font autorité dans le domaine de la langue française.

Nous reviendrons au Chapitre 13 sur l'importance des vérifications à effectuer avant de "publier" vos pages. Elles ne concernent pas que le bon usage de la langue française.

Le découpage en pages

Normalement, vous ne devez pas trouver plus d'un sujet par page et, réciproquement, une même rubrique ne doit pas s'étaler sur plusieurs pages. Si c'est le cas, c'est l'indice d'une conception maladroite ou insuffisamment réfléchie : votre découpage est à revoir. Supposons que, dans le cadre d'une présentation faite pour le compte de *l'Amicale des collectionneurs de Vistemboirs* que nous avons déjà rencontrée, vous souhaitiez afficher le contenu des bulletins trimestriels publiés par l'association. Un découpage tout naturel va vous conduire au synoptique illustré par le tableau suivant :

Buts de l'Amicale	...	
Adhésions	...	
Les bulletins	Mars 1996	Editorial
		Les vistemboirs du XVIIe siècle
		Réparation des vistemboirs
		Nouveaux adhérents
		Petites annonces
	Juin 1996	Editorial
		Le vistemboir de Napoléon III
		Exposition au Grand Palais
		Les bonnes adresses
		Petites annonces
	Septembre 1996	Editorial
		Prochaine assemblée générale
		Utilisation détournée des vistemboirs
		L'Académie des sciences se penche sur les vistemboirs
		Nouveaux adhérents
		Petites annonces
...		

La dernière colonne présente des rubriques qui devront faire chacune l'objet d'une page distincte. On voit qu'il y a des sujets récurrents (les petites annonces, par exemple). Vous devrez donc vous ingénier à donner aux fichiers des noms différents et précis. En général, les bulletins sont numérotés. Vous pourriez ainsi avoir les fichiers des pages de petites annonces désignés par : `1annon.htm`, `2annon.htm`, `3annon.htm`...

Evitez les liens illogiques

Dans notre exemple précédent, il n'y a aucune raison de pouvoir passer directement d'une page quelconque d'un bulletin à une autre page d'un autre bulletin. En revanche, on pourra trouver au bas de chaque page trois boutons de navigation :

■ Vers le début de la page.

■ Vers le répertoire des bulletins.

■ Vers le sommaire général.

Tics à éviter

Les auteurs Web débutants sont comme les nouveaux venus au traitement de texte : ils ont tendance à adopter les tics les plus mauvais qui traînent çà et là sur le Web. Avec l'expérience, peut-être s'en corrigeront-ils ? Nous allons essayer de vous faire gagner du temps en vous en signalant deux des plus répandus et des moins agréables.

"Optimisé pour..."

Lorsqu'est apparue la version 2.0 de Netscape Navigator, elle apportait tant d'innovations intéressantes que beaucoup d'auteurs n'ont pu s'empêcher de s'y rallier. Mais du fait que toutes ces extensions n'étaient pratiquement supportées que par Netscape, ils souhaitaient signaler à leurs visiteurs que leur site ne pouvait être correctement vu qu'avec cette version et avec elle seule. Et cela a continué avec les versions ultérieures et même avec celles de Internet Explorer. Les éditeurs de navigateurs proposaient d'ailleurs des vignettes à afficher pour signaler cet état de choses, ce qui leur faisait indirectement un peu de publicité. De nos jours, la frénésie des extensions s'est un peu calmée et, depuis

HTML 3.2 qui les a presque toutes entérinées, cet avertissement a beaucoup moins de raison d'être.

> **Vous n'avez jamais intérêt à utiliser les derniers gadgets proposés par les plus récentes versions des navigateurs. Tout le monde ne s'empresse pas de les télécharger et vous risquez de vous couper d'une importante partie de votre public potentiel.**

La Figure 5.1 montre un exemple de cette fâcheuse habitude. Par discrétion, nous avons masqué le nom de son auteur.

Figure 5.1 : Evitez d'avoir des pages trop typées.

"En construction"

Si on en juge par leur emploi immodéré, les barrières jaune et noir qui signalent aux Etats-Unis les travaux routiers semblent plaire à beaucoup d'auteurs ainsi que le panneau de signalisation correspondant. La Figure 5.1 - toujours elle - vous en montre un exemple. On comprend que votre site ne soit pas terminé. Mais un véritable site Web l'est-il jamais ? Alors un bon conseil : ne publiez pas votre site tant qu'il n'est pas suffisamment étoffé ou utilisez une formulation indirecte, éventuellement teintée d'humour pour signaler que vous allez y apporter des enrichissements. Mais évitez cette formulation "en construction" qui assimile votre présentation à un chantier ouvert où il est dangereux de s'aventurer. Exemple de formule possible que vous pouvez placer dans un tableau[3] avec bordures visibles et accompagner d'une petite icône grimaçante ou souriante :

```
J'ai déjà eu beaucoup de mal à réaliser cette page.
Alors, soyez gentil et ne m'en demandez pas trop.
Je vous promets que d'ici peu je vais y rajouter des
éléments qui devraient vous émerveiller !
```

Quelques astuces de mise en page _____

Les possibilités de mise en page de HTML n'ont rien à voir avec celles d'un véritable traitement de texte. Encore moins d'un outil de PAO. Néanmoins, il est possible, à peu de frais, de reproduire des "effets spéciaux", comme on dit au cinéma. En voici quatre exemples.

Une lettrine

Le moyen le plus simple qui vient à l'idée pour fabriquer une lettrine est d'utiliser l'attribut SIZE du conteneur <FONT> en lui donnant la valeur 7, comme dans cet exemple :

```
<FONT SIZE=7>L</FONT>e vieux n'avait plus sa connaissance,
```

---

3. Nous étudierons les tableaux au Chapitre 8.

> On appelle *lettrine* une grande initiale, ornée ou non, placée en tête de paragraphe ou de chapitre.

Malheureusement, que ce soit avec Netscape Navigator ou avec Internet Explorer, il se produit alors un défaut d'alignement vertical et la deuxième ligne du texte est trop espacée par rapport à la première, comme on peut le remarquer sur la Figure 5.2.

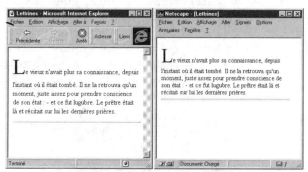

Figure 5.2 : L'alignement vertical de la lettrine n'est pas satisfaisant.

Pour résoudre ce problème, il suffit d'utiliser l'image d'une lettre en lieu et place d'un caractère typographique, comme dans cet exemple :

```
<IMG SRC="l_times.gif" HSPACE="0">e vieux n'avait plus sa connaissance,
```

La réalisation de cette image est simple avec n'importe quel logiciel de dessin, par exemple Microsoft Paint qui accompagne Windows 95. Avec l'outil Texte, on crée l'image de la lettre en la cadrant dans l'espace nécessaire tout en ménageant une marge de 3 pixels à droite, comme le montre la Figure 5.3.

Figure 5.3 : Création de l'image de la lettre L.

Le résultat obtenu semble satisfaisant, comme on peut le constater sur la Figure 5.4, mais il faut avouer que cette solution présente un sérieux inconvénient : elle n'est valable que si le navigateur utilisé par le visiteur utilise la même police de caractères que celle qui a servi à créer l'image de la lettre et dans un corps standard (3, en unités HTML). D'autre part, les visiteurs qui ont choisi de désactiver le chargement des images perdront du même coup une lettre, à moins que vous n'ayez pris la précaution d'utiliser l'attribut `ALT=` du marqueur `<IMG>` comme ceci :

```
<IMG SRC="l_times.gif" HSPACE="0" ALT="L">e vieux n'avait
  plus sa connaissance,
```

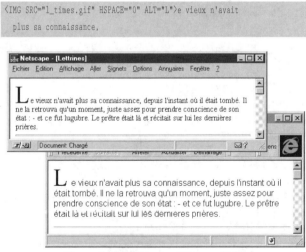

**Figure 5.4 : Texte avec lettrine affiché
par Netscape Navigator et Internet Explorer.**

Pour éviter la fâcheuse rencontre de deux polices différentes, il existe une solution qui consiste à exagérer volontairement cette différence en utilisant une lettre ornée, telle qu'on en trouve dans certaines polices de caractères ou, si on sait bien dessiner, en la créant soi-même. On peut aussi créer cette image dans une police de fantaisie, radicalement différente des polices traditionnelles. La Figure 5.5 montre quelques solutions de ce type. Se méfier de la police Old English, dont les caractères, très ornés, ne sont pas très faciles à identifier. La Figure 5.6 montre qu'on peut ainsi obtenir des résultats variables. Ainsi, la lettrine très ornée est mal alignée verticalement et celle qui est encadrée (police Keys) n'est pas esthétique. En revanche, la police Black Chance donne un résultat agréable.

Figure 5.5 : Images d'initiales ornées et de fantaisie.

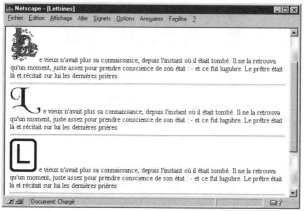

Figure 5.6 : Texte avec lettrines de fantaisie.

L'utilisation d'un tableau n'améliorerait pas les choses. Toutefois, il est possible d'obtenir une mise en page un peu spéciale mais plutôt heureuse en plaçant l'initiale (sous forme de caractère typographique) franchement à droite du corps du texte, comme le montre la Figure 5.7. Le Listing 5.1 montre les commandes utilisées pour cet effet.

```
<TABLE border=0>
<TR><TD  ROWSPAN=2 VALIGN="top"><FONT SIZE=7>L</FONT></TD></TR><TR>
<TD>e vieux n'avait plus sa connaissance, depuis l'instant
o&ugrave; il &eacute;tait tomb&eacute;. Il ne la retrouva qu'un
moment, juste assez pour prendre conscience de son &eacute;tat : -
et ce fut lugubre. Le pr&ecirc;tre &eacute;tait l&agrave; et
r&eacute;citait sur lui les derni&egrave;res pri&egrave;res.
<HR>
</TD>
</TR>
</TABLE>
```

Listing 5.1 : Exemple de création de lettrine.

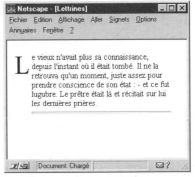

Figure 5.7 : Mise en page inhabituelle avec une lettrine.

Affichage en négatif

Les attributs `BGCOLOR` et `TEXT` du conteneur `<BODY>` définissent respectivement la couleur de fond et la couleur du texte pour l'ensemble d'une page HTML. Si on veut limiter la portée de ces paramètres à un seul paragraphe, on peut utiliser un tableau fictif qui ne comportera qu'une seule cellule, comme dans l'exemple du Listing 5.2, illustré par la Figure 5.8 :

```
<HTML>

<HEAD>

<TITLE>Paragraphe en vidéo inverse</TITLE>

</HEAD>

<BODY>

Deux satellites de son ennemie arrivèrent un moment
aprés en ce même endroit. La ravine les empêcha
de passer outre : ils s'arrêtèrent quelque temps
à la regarder avec un si grand péril pour
Psyché, que l'un d'eux marcha sur sa robe ;
et, croyant la belle aussi loin de lui qu'elle en
étaitrès, il dit à son camarade :

<TABLE BORDER=0 CELLPADDING="0" CELLSPACING="0">
<TR><TD BGCOLOR="black"><FONT COLOR="white">
"Nous cherchons ici inutilement ; ce ne sauraient être que
des oiseaux qui se réfugient dans ces lieux : nos
compagnons seront plus heureux que nous, et je plains cette
personne s'ils la rencontrent ; car notre maîtresse n'est
pas telle qu'on s'imagine. Il semble à la voir que ce soit
la même douceur ; mais je vous la donne pour une femme
vindicative, et aussi cruelle qu'il y en ait. On dit que
Psyché lui dispute la prééminence des charmes
: c'est justement le moyen de la rendre furieuse, et d'en faire
une lionne à qui on a enlevé ses petits : sa
concurrente fera fort bien de ne pas tomber entre ses mains."
```

```
</FONT></TD></TR>
</TABLE>

<P>
Psych&eacute; entendit ces mots fort distinctement, et rendit
gr&acirc;ces au hasard, qui, en lui donnant des frayeurs
mortelles, lui donnait aussi un avis qui n'&eacute;tait
nullement &agrave; n&eacute;gliger.
</BODY>
</HTML>
```

**Listing 5.2 : Un tableau peut permettre
un affichage en blanc sur noir.**

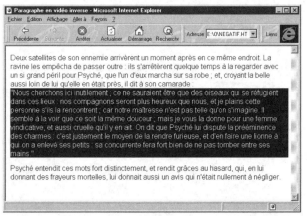

Figure 5.8 : Affichage d'un paragraphe en blanc sur noir.

Mieux vaut ne pas utiliser ce procédé si le paragraphe contient un appel de lien, car il est impossible de modifier localement la couleur des appels de lien et, affiché par défaut en bleu sur fond noir, il serait très peu visible.

Affichage invisible

En adoptant pour l'écriture du texte une couleur identique à celle du fond, on réalise un affichage invisible. C'est par ce moyen que des auteurs peu scrupuleux renforcent le nombre d'occurrences d'un mot clé dans une page pour se trouver mieux classés dans les résultats des moteurs de recherche. Ceux-ci, dans leurs versions récentes, ont heureusement appris à déjouer cette ruse.

Cette ruse se déjoue facilement en remarquant un espace vide de hauteur anormale dans une page. En promenant le pointeur de sa souris sur cet espace, le visiteur pourra voir se dessiner le texte caché en vidéo inverse, donc le lire.

Indentation et retrait

L'indentation consiste à déplacer tout un paragraphe vers la droite. Le retrait est une indentation limitée à la première ligne du paragraphe. Ces deux styles peuvent être négatifs, auquel cas le déplacement s'effectue vers la gauche au lieu de la droite. HTML ne prévoit aucune commande explicite pour l'un ou l'autre. Il existe néanmoins plusieurs moyens détournés d'y parvenir.

Retrait

Pour mieux marquer le début d'un paragraphe, on fait commencer sa première ligne plus à droite que les suivantes. Le premier moyen utilisable (et le plus simple) consiste à utiliser une extension Netscape : le marqueur <SPACER> dont l'attribut SIZE définit le nombre de pixels du retrait, comme dans l'exemple :

```
<SPACER SIZE=30> Ecrire, quand on s'en acquitte...
```

Le marqueur <SPACER> est ignoré de tous les navigateurs autres que Netscape Navigator.

Vu le manque d'universalité de ce procédé, mieux vaut trouver autre chose. On peut insérer au début de chaque paragraphe plusieurs *espaces insécables* ( ), de cette façon :

```
    Ecrire, quand on s'en acquitte...
```

Tous les navigateurs pratiqueront une indentation mais elle n'aura pas la même importance. Un petit perfectionnement consiste à utiliser des espaces d'une police à pas fixe, de la façon suivante :

```
<TT>    </TT>Ecrire, quand on s'en acquitte...
```

Il est possible d'insérer au début du paragraphe une image GIF transparente, c'est-à-dire ne masquant pas l'arrière-plan qui se trouve dessous (nous verrons comment y parvenir au Chapitre 7) ayant une hauteur de 1 pixel et une largeur égale au nombre de pixels du retrait :

```
<IMG SRC="vide30.gif">Ecrire, quand on s'en acquitte...
```

Ce faisant, on va légèrement allonger le temps de chargement de la page car une image GIF, si petite soit-elle, comprend un certain nombre d'informations fixes. Ainsi, le fichier vide30.gif, utilisé ci-dessus pour provoquer un retrait de 30 pixels, occupe-t-il 1 110 octets. Cependant, cette méthode n'est pas à négliger car elle est valable pour tous les navigateurs (à condition que le chargement des images ne soit pas désactivé) et ne dépend pas de la taille de la police d'affichage du paragraphe, ce qui n'était pas le cas de la méthode précédente.

La Figure 5.9 montre ce qu'on obtient avec les méthodes que nous venons d'expliquer et qui sont utilisées dans le Listing 5.3 :

```
<HTML>
<HEAD>
<TITLE>Indentation d'un paragraphe</TITLE>
</HEAD>
<BODY>
<H4>Indentation (retrait de premi&egrave;re ligne)</H4>

<CODE>Avec &lt;SPACER&gt;</CODE>
<BR>
<SPACER SIZE=30>
Ecrire, quand on s'en acquitte avec l'habilet&eacute; que vous ne
manquez pas de percevoir dans mon r&eacute;cit, n'est rien d'autre
que converser. Aucun homme de bonne compagnie ne s'avisera de tout
dire ; ainsi, aucun auteur averti des limites que la
d&eacute;cence et le bon go&ucirc;t lui imposent, ne s'avisera de
tout penser.
<P>

<CODE>Avec des espaces ins&eacute;cables ( ) et une
     police proportionnelle</CODE>
<BR>
    
Ecrire, quand on s'en acquitte avec l'habilet&eacute; que vous ne
manquez pas de percevoir dans mon r&eacute;cit, n'est rien d'autre
que converser. Aucun homme de bonne compagnie ne s'avisera de tout
dire ; ainsi, aucun auteur averti des limites que la
d&eacute;cence et le bon go&ucirc;t lui imposent, ne s'avisera de
tout penser.
<P>
```

```
<CODE>Avec des espaces ins&eacute;cables ( ) et une
     police &agrave; pas fixe</CODE>
<BR>
<TT>    </TT>
Ecrire, quand on s'en acquitte avec l'habilet&eacute; que vous ne
manquez pas de percevoir dans mon r&eacute;cit, n'est rien d'autre
que converser. Aucun homme de bonne compagnie ne s'avisera de tout
dire ; ainsi, aucun auteur averti des limites que la
d&eacute;cence et le bon go&ucirc;t lui imposent, ne s'avisera de
tout penser.
<P>


<CODE>Avec une image GIF transparente &lt;IMG&gt;</CODE>
<BR>
<IMG SRC="vide30.gif">
Ecrire, quand on s'en acquitte avec l'habilet&eacute; que vous ne
manquez pas de percevoir dans mon r&eacute;cit, n'est rien d'autre
que converser. Aucun homme de bonne compagnie ne s'avisera de tout
dire ; ainsi, aucun auteur averti des limites que la
d&eacute;cence et le bon go&ucirc;t lui imposent, ne s'avisera de
tout penser.
<HR>

</BODY>
</HTML>
```

**Listing 5.3 : Il existe plusieurs méthodes pour obtenir une
indentation de paragraphe.**

Le visiteur utilisant un navigateur autre que Netscape
Navigator ou Netscape Communicator et ayant désactivé
le chargement des images verra ce que montre la Figure 5.10,
ce qui condamne plusieurs des astuces que nous avons sug-
gérées si on veut pouvoir être vu dans de bonnes conditions
par le plus grand nombre de surfeurs.

Figure 5.9 : Quelques exemples de retrait de première ligne.

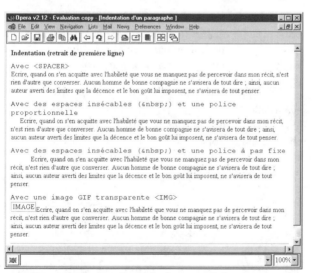

**Figure 5.10 : Avec le navigateur norvégien Opera,
en ayant désactivé le chargement des images,
le résultat obtenu n'est pas toujours heureux.**

Indentation

La première méthode consiste à placer le paragraphe dans un conteneur <BLOCKQUOTE>. L'inconvénient est qu'il ne s'agit pas d'un véritable retrait, car la marge droite est, elle aussi, décalée de la même quantité, mais vers la gauche. En imbriquant plusieurs conteneurs <BLOCKQUOTE>, on obtient des retraits d'importance croissante.

On peut également détourner le marqueur <DD> du conteneur <DL> de sa fonction première et profiter du fait qu'il affiche la définition du terme marqué par <DT> avec un retrait. Ce n'est pas du HTML très pur mais tous les navigateurs que nous avons essayés s'en accommodent fort bien. Ici, le retrait ne s'effectue que sur la marge de gauche.

Enfin, l'utilisation d'un conteneur de tableau, <TABLE>, nous procure un dernier moyen que nous ne recommanderons pas car il ne donne pas le même résultat avec tous les navigateurs, Netscape Navigator n'interprétant pas correctement l'attribut WIDTH du conteneur <TD>. Néanmoins, cette méthode présente l'avantage de permettre d'afficher éventuellement les paragraphes en retrait d'une autre couleur, ce qui peut s'avérer très utile, par exemple pour afficher un paragraphe en blanc sur noir. Le Listing 5.4 montre comment appliquer ces procédés et la Figure 5.11 montre les résultats qu'on obtient.

```
<HTML>
<HEAD>
<TITLE>Retrait de paragraphe</TITLE>
</HEAD>
<BODY>

<H4>Retrait de paragraphes</H4>
```

```
<CODE>Avec &lt;BLOCKQUOTE&gt;</CODE>
<BLOCKQUOTE>Ecrire, quand on s'en acquitte avec l'habilet&eacute;
que vous ne manquez pas de percevoir dans mon r&eacute;cit, n'est
rien d'autre que converser. Aucun homme de bonne compagnie ne
s'avisera de tout dire ; ainsi, aucun auteur averti des limites
que la d&eacute;cence et le bon go&ucirc;t lui imposent, ne
s'avisera de tout penser.
</BLOCKQUOTE>
<BLOCKQUOTE>
  <BLOCKQUOTE>Ecrire, quand on s'en acquitte avec l'habilet&eacute;
  que vous ne manquez pas de percevoir dans mon r&eacute;cit,
  n'est rien d'autre que converser. Aucun homme de bonne compagnie
  ne s'avisera de tout dire ; ainsi, aucun auteur averti des
  limites que la d&eacute;cence et le bon go&ucirc;t lui imposent,
  ne s'avisera de tout penser.
  </BLOCKQUOTE>
</BLOCKQUOTE>
<P>


<CODE>Avec une liste de glossaire &lt;DD&gt;</CODE>
<DL>
<DD>
Ecrire, quand on s'en acquitte avec l'habilet&eacute; que vous ne
manquez pas de percevoir dans mon r&eacute;cit, n'est rien d'autre
que converser. Aucun homme de bonne compagnie ne s'avisera de tout
dire ; ainsi, aucun auteur averti des limites que la
d&eacute;cence et le bon go&ucirc;t lui imposent, ne s'avisera de
tout penser.
<DL>
<DD>
Ecrire, quand on s'en acquitte avec l'habilet&eacute; que vous ne
manquez pas de percevoir dans mon r&eacute;cit, n'est rien d'autre
que converser. Aucun homme de bonne compagnie ne s'avisera de tout
dire ; ainsi, aucun auteur averti des limites que la
d&eacute;cence et le bon go&ucirc;t lui imposent, ne s'avisera de
tout penser.
```

```
</DL>
</DL>

<CODE>Avec un tableau &lt;TABLE&gt;</CODE>
<TABLE>
 <TR>
  <TD WIDTH=30> </TD>
  <TD BGCOLOR="black"><FONT COLOR="white">Ecrire, quand on s'en
  acquitte avec l'habilet&eacute; que vous ne manquez
  pas de percevoir dans mon r&eacute;cit, n'est rien d'autre que
  converser. Aucun homme de bonne compagnie ne s'avisera de tout
  dire ; ainsi, aucun auteur averti des limites que la
  d&eacute;cence et le bon go&ucirc;t lui imposent, ne
  s'avisera de tout penser.</FONT></TD>
 </TR>
</TABLE>
<TABLE>
 <TR>
  <TD WIDTH=60> </TD>
  <TD BGCOLOR="blanchedalmond">Ecrire, quand on s'en acquitte avec
  l'habilet&eacute; que vous ne manquez pas de percevoir dans mon
  r&eacute;cit, n'est rien d'autre que converser. Aucun homme de
  bonne compagnie ne s'avisera de tout dire ; ainsi, aucun auteur
  averti des limites que la d&eacute;cence et le bon go&ucirc;t
  lui imposent, ne s'avisera de tout penser.</TD>
 </TR>
</TABLE>

</BODY>
</HTML>
```

Listing 5.4 : Quelques méthodes pour créer une indentation.

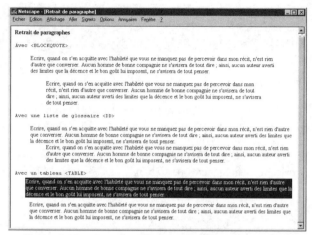

Figure 5.11 : Exemples d'indentations de paragraphes.

Le multicolonage

Il n'existe pas de commande HTML dans la "norme" 3.2 qui permette d'afficher un texte sur plusieurs colonnes. Seul Netscape propose un conteneur pour cet usage. Il s'agit de `<SPACER>` qui admet, entre autres, les attributs suivants :

- `COLS`, qui détermine le nombre de colonnes à afficher.

- `GUTTER`, qui spécifie l'intervalle (en pixels) entre chaque colonne.

- `WIDTH`, qui indique la largeur maximale de l'ensemble dans la fenêtre du navigateur.

On peut parvenir au même résultat avec quelques difficultés supplémentaires, en utilisant un conteneur `<TABLE>`. Nous verrons comment au Chapitre 8.

ATTENTION

> Le conteneur <MULTICOL> est ignoré de tous les naviga-
> teurs autres que Netscape Navigator.

Une mauvaise page Web

Vous vous proposez de communiquer aux gastronomes de tout
poil les recettes de cuisine que votre tante Adèle vous a léguées
et vous venez de rédiger la page du soufflé au fromage, reproduite ci-après, sur le Listing 5.5. Tout fier de vous, vous sauve-
gardez votre fichier et vous le chargez dans Netscape Navigator,
lequel vous affiche l'écran reproduit sur la Figure 5.12.

```
<HTML>
<HEAD>
<TITLE>Les recettes de la Tante Ad&egrave;le</TITLE>
</HEAD>
<BODY>
<H1>Le souffl&eacute; au fromage</H1>
Il en est de la plupart des jeunes cuisini&egrave;res et des roux
comme de Monsieur Jourdain et de la prose : elles en font sans le
savoir. La b&eacute;chamel, en effet, est un roux. Un roux blanc,
il est vrai : et la confrontation de ces deux mots peut choquer
une logique parfaite ! Vous apprendrez &agrave; passer sans peine
du roux blanc au roux blond et du roux blond au roux brun.
<H3>La b&eacute;chamel</H3>
Faites fondre 40 grammes de beurre dans une casserole &agrave;
fond &eacute;pais sans le laisser roussir. Ajoutez 40 grammes de
farine d'un seul coup et tournez tr&egrave;s vivement au fouet.
Laissez blondir &agrave; feu doux sans cesser de tourner puis
retirez la casserole du feu.
<P>
Faites bouillir un quart de litre de lait et versez sur le roux
blond en remuant &eacute;nergiquement. Continuez de fouetter
jusqu'&agrave; ce que la sauce soit bien lisse et laissez cuire 10
```

```
' en remuant de temps en temps. Salez et poivrez et ajoutez une
pinc&eacute;e de noix de muscade.
<H3>Le souffl&eacute;</H3>
Apr&egrave;s avoir chauff&eacute; le four &agrave; temp&eacute;rature
moyenne, cassez quatre oeufs en s&eacute;parant
les blancs des jaunes. Versez les blancs dans un grand
saladier. Ajoutez &agrave; la b&eacute;chamel hors du feu cent
grammes de gruy&egrave;re r&acirc;p&eacute; et les jaunes d'oeufs
et m&eacute;langez bien. Ajoutez ensuite une grosse cuiller&eacute;e
&agrave; soupe de cr&egrave;me fra&icirc;che.
<P>
Ajoutez une pinc&eacute;e de sel aux blancs d'oeufs que vous
battrez &eacute;nergiquement en neige tr&egrave;s ferme.
Incorporez-les d&eacute;licatement &agrave; la pr&eacute;paration
pr&eacute;c&eacute;dente sans tourner ni battre.
<P>
Beurrez les moules &agrave; souffl&eacute; et r&eacute;partissez-y
&eacute;galement la pr&eacute;paration. Glissez au four et laissez
cuire vingt-cinq minutes.
<HR>
</BODY>
</HTML>
```

Listing 5.5 : Exemple de mauvaise rédaction d'une page Web.

S'il y avait un concours de la plus mauvaise page Web, vous auriez vos chances d'être classé dans le peloton de tête. Voici, en effet, ce qu'un esprit critique pourrait vous faire remarquer :

1. Vous avez fait une énorme faute d'orthographe. Bien qu'on dise "**une** béchamel", cette excellente sauce n'a rien à voir avec Madame Chameau, car elle tire tout simplement son nom de celui de son créateur.

2. Seuls les chroniqueurs sportifs et les quelques ignares qui leur emboîtent le pas confondent les minutes d'arc (') et les minutes de temps (min).

3. Dans cette page, vous avez abordé deux sujets : la confection de la sauce béchamel et la préparation du soufflé au fromage.

4. La présentation est trop touffue. Il n'y a que des paragraphes de texte ordinaire dans lesquels on a du mal à se repérer. On distingue mal les différentes phases de la préparation.

5. Il faut lire tout le texte pour savoir quels sont les ingrédients à rassembler pour la recette.

Figure 5.12 : Une mauvaise page Web, remplie de défauts de toutes sortes.

6. A un titre de niveau 1 vous avez fait succéder directement un titre de niveau 3.

7. L'ensemble dégage une forte impression d'ennui. On a l'impression que vous n'avez pas aimé le soufflé !

8. Le commentaire placé dans le premier paragraphe est hors sujet.

9. Mieux vaudrait écrire tous les nombres en chiffres pour en accroître la lisibilité.

Une meilleure page Web _____

Sous la pression d'un de vos amis "qui vous veut du bien", vous reprenez votre texte en tenant sérieusement compte de la plupart des remarques qui vous ont été faites et vous aboutissez à l'écran reproduit sur la Figure 5.13.

Figure 5.13 : Une première amélioration.

On y remarque en particulier l'utilisation de deux titres de niveau 2 (et non plus de niveau 3) suivant le titre principal de niveau 1 et l'utilisation adroite d'une indentation pour bien séparer la liste des ingrédients de la recette proprement dite. Une liste à puces convient bien à la liste de ceux-là et une liste numérotée met bien en évidence la succession chronologique des opérations de celle-ci. Enfin, pour la préparation de la béchamel (enfin correctement orthographiée), un appel de lien renvoie simplement à la page dans laquelle est détaillée sa préparation.

Mais on peut encore ajouter une cerise sur ce gâteau (encore qu'un soufflé au fromage avec une cerise dessus ne soit peut-être pas le fin du fin en matière de gastronomie !) en y ajoutant une image. Le Listing 5.6 ci-dessous présente le résultat de cette ultime retouche dont la Figure 5.14 illustre l'affichage.

```
<HTML>
<HEAD>
<TITLE>Les recettes de la Tante Ad&egrave;le</TITLE>
</HEAD>
<BODY>
<H1>Le souffl&eacute; au fromage</H1>
<TABLE>
<TR>
<TD VALIGN="top">
<H2>Ingrédients</H2>
<BLOCKQUOTE><UL>
<LI>90 g de beurre
<LI>60 g de farine
<LI>100 g de gruyère râpé
<LI>3 dl de lait
<LI>1 cuillérée à soupe de crème fraîche
<LI>1 pincée de noix de muscade
</UL>
</BLOCKQUOTE>
</TD>
<TD><IMG SRC="souffle.gif" HSPACE=30></TD>
</TR>
</TABLE>
<H2>Préparation</H2>
<OL>
<LI>Préparez une <A HREF="bechamel.htm">béchamel</A> comme indiqué
   au chapitre des sauces.
<LI>Apr&egrave;s avoir chauff&eacute; le four &agrave;
   temp&eacute;rature moyenne, cassez les oeufs en s&eacute;parant
   les blancs des jaunes. Versez les blancs dans un grand
```

```
    saladier.
<LI>Ajoutez &agrave; la b&eacute;chamel hors du feu le
    gruy&egrave;re r&acirc;p&eacute; et les jaunes d'oeufs et
    m&eacute;langez bien.
<LI>Ajoutez ensuite la cr&egrave;me fra&icirc;che.
<LI>Ajoutez une pinc&eacute;e de sel aux blancs d'oeufs que vous
    battrez &eacute;nergiquement en neige tr&egrave;s ferme.
    Incorporez-les d&eacute;licatement &agrave; la pr&eacute;paration
    pr&eacute;c&eacute;dente sans tourner ni battre.
<LI>Beurrez les moules &agrave; souffl&eacute; et
    r&eacute;partissez-y &eacute;galement la
    pr&eacute;paration. Glissez au four et laissez cuire 25 minutes.
</UL>
<HR>
</BODY>
</HTML>
```

**Listing 5.6 : La recette du soufflé au fromage,
après quelques corrections importantes.**

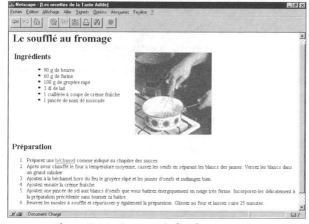

**Figure 5.14 : Sans atteindre des sommets,
cette page Web est tout à fait présentable.**

Le conteneur <TABLE>, utilisé dans cette dernière version, sera étudié au Chapitre 8.

Quelques ouvrages de référence ___

- *La pratique du style*, par J.P. Colignon et P.-V. Berthier (éd. Duculot).

- *Le bon usage*, par Maurice Grévisse (divers éditeurs).

- *Le français correct*, par Maurice Grévisse (éd. Duculot).

- *Pièges et difficultés de la langue française*, par Jean Girodet (éd. Bordas).

- *Savoir accorder le participe passé*, par Maurice Grévisse (éd. Duculot).

- *Traité de la ponctuation française*, par Jacques Drillon (éd. Gallimard).

- *La bonne ponctuation*, par Albert Doppagne (éd. Duculot).

- *L'art de conjuguer*, par Bescherelle (éd. Hattier)

- *Dictionnaire des synonymes*, par Elvire D. Bar (éd. Garnier).

- *Abrégé du code typographique à l'usage de la presse* (éd. du CFPJ).

CHAPITRE 6

Les éditeurs HTML

Jusqu'ici, nous avons implicitement supposé que nous utilisions un éditeur de texte ordinaire pour composer nos documents HTML. C'est tout à fait possible, mais il faut reconnaître que cela complique l'écriture des pages HTML. En réalité, il existe un grand nombre d'éditeurs (certainement plus de 50), depuis le freeware, jusqu'aux produits commerciaux les plus évolués. Nous n'allons évidemment pas tous les passer en revue mais nous allons en présenter quelques-uns parmi ceux qui nous semblent les mieux adaptés à la composition de pages personnelles. Il s'agit là d'une sélection effectuée selon des critères personnels, donc critiquable.

*Quel type d'éditeur vous faut-il ?*____

Nous l'avons dit tout au début : HTML n'est pas un langage de programmation. Pour apprendre à l'utiliser, il n'est donc pas nécessaire de savoir programmer et l'utilisation de ses commandes s'apparente plutôt à celle d'un traitement de texte. Néanmoins, beaucoup de gens répugnent à mettre la main à la pâte et à se commettre avec ces balises qu'ils considèrent comme une survivance de l'âge de pierre de l'informatique. Un éditeur graphique WYSIWYG est ce qui leur convient : du bout de la souris, guidés par des assistants élaborés, ils vont, composer une page Web sans jamais voir un seul code HTML.

Mais il n'y a pas de miracle : pour composer une page Web, même si on ne veut pas connaître le détail de l'emploi des balises, il faut bien savoir quels sont les *objets HTML* qui existent pour pouvoir les mettre en bonne place, un par un. L'archétype de ces éditeurs est sans doute FrontPage, de Microsoft, qui est un produit très soigné, d'un niveau comparable à celui de Word pour Windows, donc d'un emploi pas vraiment simple. A un niveau équivalent, on commence aussi à trouver des convertisseurs qui, partant d'un fichier élaboré en PAO, font de leur mieux pour réaliser un document HTML qui ressemble au produit original. Là non plus, il ne faut pas rêver : l'indigence actuelle de HTML ne lui permet pas de réaliser une mise en page aussi précise que les outils modernes de la PAO.

De toute façon, quelle que soit la puissance de l'outil que vous allez utiliser, si vous voulez réellement réaliser un travail soigné, vous risquez fort d'être obligé de faire quelques retouches "à la main" dans le code HTML généré par l'éditeur. Ne serait-ce que pour corriger quelques bugs, pour y incorporer un marqueur ou un attribut ou pour faire des retouches qu'il serait difficile de faire au niveau symbolique.

Ce qu'on doit attendre d'un éditeur HTML

Nous classerons ces éditeurs en trois groupes :

- Ceux qui sont en réalité des moulinettes vous permettant d'obtenir, à partir d'un choix généralement très limité de commandes HTML, une page rudimentaire, sans vous donner le moyen de vérifier au fur et à mesure ce qui est généré.

- Les éditeurs de texte qui vous permettent, d'une façon plus ou moins simple, d'insérer les balises et vous présentent le contenu réel du document HTML que vous composez. Vous êtes un peu comme le romancier devant son clavier qui doit avoir du style, connaître la syntaxe de sa langue et - si possible - son orthographe.

■ Les éditeurs spécifiquement WYSIWYG, qui vous cachent le code HTML qu'ils génèrent. Vous vous retrouvez ainsi dans la position du romancier qui dicte son texte au magnétophone : il faut qu'il sache assembler correctement substantifs, adjectifs, verbes et adverbes. S'il ne sait pas accorder les participes, personne ne s'en apercevra. Ah ! j'allais oublier : là aussi, mieux vaut qu'il ait du style.

Quelle que soit sa catégorie, pour qu'un éditeur HTML soit réellement autre chose qu'un banal éditeur de texte, il faut qu'il apporte quelques fonctionnalités particulières à HTML, parmi lesquelles :

■ La gestion plus ou moins automatisée des principales balises HTML, y compris <TABLE> et FRAME>.

■ Une barre d'outils (ou, à la rigueur, quelques menus) spécifiques.

■ Une commande de *template* qui, à la demande, crée l'ossature des balises minimales de tout document HTML (<HTML>, <HEAD>, <TITLE> et <BODY>). Si on peut personnaliser ces modèles avec, par exemple, des indications propres à l'auteur comme son adresse *e-mail*, ce n'en sera que mieux.

■ Le choix par défaut de l'extension .HTM (ou .HTML) lors de la sauvegarde des textes saisis.

■ La traduction à la volée ou sur commande des caractères accentués en entités HTML.

Il serait téméraire de vouloir établir une notation chiffrée ou par étoiles d'après ces critères, chacun, selon son expérience et ses goûts, n'y attachant pas le même poids. Nous nous en garderons donc. Dans chacune des catégories, les éditeurs (brièvement) analysés sont donc présentés par ordre alphabétique.

Le degré zéro de la page Web : les moulinettes

Certains fournisseurs d'accès vous offrent de composer eux-mêmes votre page d'après les éléments que vous leur fournissez. Compuserve le fait aux Etats-Unis, et nous croyons savoir que cette facilité existe aussi en France.

GeoCities

GeoCities est surtout connu pour héberger gratuitement des pages Web et des boîtes à lettres électroniques. Mais il propose aussi des outils en ligne, c'est-à-dire accessibles uniquement lors d'une connexion, pour vous permettre de créer votre page Web. Il faut commencer par ouvrir un compte chez ce fournisseur d'accès situé aux Etats-Unis. Ce n'est qu'ensuite que l'on aura accès au répertoire qui a été attribué et qu'on pourra créer une page Web.

Parmi les trois éditeurs HTML proposés, nous avons retenu BASIC HTML Editor (Figure 6.1), qui vous propose un formulaire comportant un certain nombre d'options : une image (provenant d'une petite bibliothèque d'icônes de GeoCities), un titre principal, un sous-titre, du texte, des liens et votre adresse *e-mail*, le tout parsemé de séparateurs choisis parmi une douzaine de spécimens. C'est limité, certes, mais cela vous permet d'avoir une présence sur le Web sans avoir à manipuler d'autre outil qu'un simple navigateur. La Figure 6.2 vous présente un exemple de ce qu'on peut obtenir en moins d'une heure d'efforts. Malheureusement, les caractères accentués ne sont pas traduits en entités de caractères.

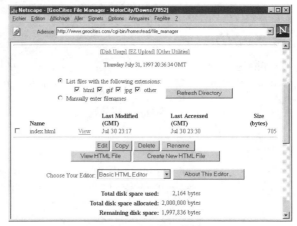

Figure 6.1 : Le plus simple des éditeurs proposés par GeoCities est le BASIC HTML Editor.

Figure 6.2 : Comment se présente une page Web simple réalisée avec l'éditeur basique de GeoCities.

Si, encouragé par ce premier succès, vous désirez ensuite améliorer votre présentation, ce sera chose facile en utilisant l'éditeur appelé Advanced HTML Editor, à condition d'accepter de travailler au niveau du code HTML. En plus, vous pourrez télécharger directement depuis la page du Gestionnaire de fichiers de GeoCities quelques fichiers d'images situés sur votre propre disque dur. Toujours sans avoir à manipuler autre chose que votre navigateur.

HotDog Express

HotDog Express est un amusant petit logiciel qui fait plutôt penser à un jeu vidéo qu'à un véritable éditeur HTML. Bien plus rudimentaire que l'éditeur basique de GeoCities, il convient tout à fait à celui qui veut avoir pignon sur Web avec le minimum d'effort et sans avoir à connaître HTML. La Figure 6.3 montre comment se présente son interface utilisateur sur laquelle on voit, tout à fait à gauche, les boîtes contenant les quelques outils HTML (entendez les balises) grâce auxquels on peut composer une page. Il suffit de les amener l'une après l'autre, dans l'ordre qu'on voudra et autant de fois qu'on le souhaitera dans la pile un peu plus à droite.

Si, après réflexion, vous décidez de supprimer une des commandes que vous aviez insérées, amenez-la sur la scie circulaire, en bas à gauche, qui la réduira en poussière avec un bruit approprié. On a le choix entre six types de commandes, desquelles les listes sont absentes. On peut télécharger un exemplaire de cet assistant limité à un mois d'utilisation sur le serveur de Sausage. Il est possible de voir les codes HTML générés en cliquant sur l'onglet HTML. On constatera alors que les caractères accentués ne sont pas traduits en entités de caractères. Plus gênant, le document sauvegardé porte l'extension .HDE et ne correspond par vraiment à un document HTML. La conversion a probablement lieu au moment du transfert sur le serveur car HotDog Express comporte un client FTP incorporé pour télécharger la page qu'on vient de réaliser. Nous disons bien "la page", car il n'est pas prévu ici de constituer une véritable présentation Web en plusieurs pages.

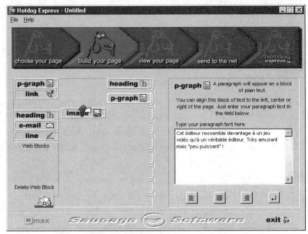

**Figure 6.3 : HotDog Express ressemble plus
à un jeu vidéo qu'à un éditeur.**

Certes, ce produit est distrayant mais, vu ses lacunes, nous ne pouvons pas honnêtement vous le recommander.

Infonie

Et voici le degré zéro de la publication sur le Web ! A la limite, vous n'avez même plus besoin de manipuler d'outils informatiques puisque Infonie, dans sa page "Infonie fait votre page Web", vous propose d'assembler les trois photos que vous leur enverrez par la poste, accompagnées d'au plus 20 (oui, vous avez bien lu : 20) lignes de texte pour réaliser votre page personnelle. La Figure 6.4 vous montre cette page.

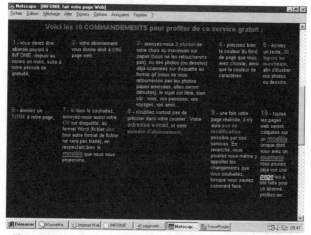

Figure 6.4 : Infonie vous propose de faire votre page Web.

N'espérez pas, avec si peu d'éléments, attirer les foules. C'est un peu comme si vous colliez une affichette sur un mur déjà recouvert de tracts en tous genres : pourquoi vous remarquerait-on ? Si vous publiez, c'est sans doute que vous avez quelque chose à dire. Si vous pouvez l'exprimer en 20 lignes et 3 photos, bravo !

Webedit

WebEdit est un assistant qui ne vous permet d'utiliser qu'un jeu très réduit de commandes HTML : titre, paragraphe, couleur de l'arrière-plan, insertion d'image(s), listes, liens et, cela, dans l'ordre prévu par son auteur, David Geller. Si, une fois parcourus les quelques écrans successifs, vous voulez apporter des corrections à votre chef-d'oeuvre, rajouter des commandes, ou tout autre travail de révision, vous devrez nécessairement utiliser un véritable éditeur. Pas de menu d'aide générale, mais les écrans successifs vous proposent quelques explications relatives à la balise concernée (Figure 6.5).

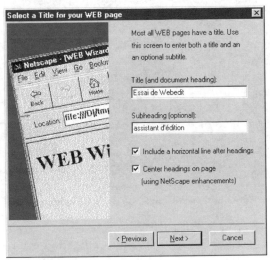

Figure 6.5 : L'un des écrans de Webedit.

C'est un shareware à prix très modeste (10 dollars), mais vous auriez mauvaise grâce à en demander plus pour un prix aussi modique.

Les éditeurs de texte ordinaires

Le Bloc Notes de Windows

Il accompagne toutes les versions de Windows. Les fichiers HTML étant généralement de petite taille, ils s'y trouvent à l'aise. Son indigence ne nous permet vraiment pas de le conseiller, car il n'offre même pas de fonctions de recherche et de remplacement.

SuperPad

C'est un petit éditeur publié initialement dans PC Magazine (édition US), en 1995 par Douglas Boling. Il est gratuit pour tout usage non commercial. Il permet d'éditer des fichiers de taille quelconque. Quelques options de ligne de commande semblent indiquer une origine MS-DOS (?). La version actuelle (1.3) se présente sous la forme d'un fichier compressé, SPAD.ZIP, d'une centaine de kilo-octets comprenant l'exécutable, une courte documentation et le programme source écrit en C. On peut le trouver sur le serveur Tucows. La Figure 6.6 montre comment se présente sa fenêtre. En réalité, ce n'est qu'un Bloc Notes amélioré qui ne possède aucune fonctionnalité HTML spécifique. Nous ne pouvons donc pas conseiller son emploi pour faire de l'édition HTML.

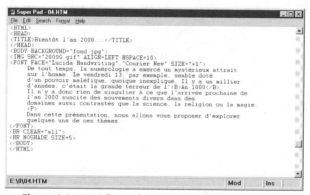

Figure 6.6 : Un éditeur de texte très simple, SuperPad.

Les éditeurs HTML spécialisés _____

CoolWeb

Il s'agit d'un éditeur français, écrit par Daniel Masclé et distribué sous forme de CD-ROM par Sybex. Il est donc tout naturellement accompagné d'une notice entièrement en français. Vendu moins de 100 francs, ce produit s'avère de bonne qualité. Il utilise la technique des menus flottants, ce qui permet d'éviter une barre d'outils trop complexe et prenant trop de place à l'écran. La Figure 6.7 présente son interface utilisateur.

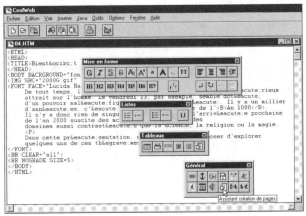

Figure 6.7 : Interface utilisateur de Coolweb.

Il possède de nombreuses caractéristiques intéressantes, parmi lesquelles :

■ La conversion des caractères en entités et vice-versa (ce qui est bien moins courant).

■ Un menu d'insertion d'applets Java.

■ Un menu d'insertion de primitives JavaScript (inopportunément logé dans le menu Java de la barre de menus).

■ Un assistant de création de pages limité à l'essentiel mais qui sera utile à ceux qui pensent qu'une page Web peut se cantonner à quelques titres, quelques paragraphes, des images et deux ou trois liens.

Si agréable que soit son utilisation, on regrettera néanmoins quelques défauts :

■ Impossibilité de faire les conversions de caractères en entités d'une façon globale. Il faut répondre oui autant de fois qu'il y a de caractères à convertir, ce qui finit par être lassant.

■ Le menu de création de tableaux ne reconnaît pas les dimensions exprimées en pourcentage mais seulement les valeurs en pixels. En revanche, l'assistant de création des tableaux a choisi l'option inverse.

■ Les raccourcis clavier du menu Fichier ne correspondent pas au standard Windows (exemple : <Ctrl>+<E> au lieu de <Ctrl>+<S> pour faire une sauvegarde).

■ En sauvegarde de fichier, il ne faut surtout pas oublier de spécifier ".htm" car ne n'est pas automatique.

■ Il génère des options fantaisistes, non reconnues par les navigateurs, comme "ALIGN="justify" ou DP="," pour les tableaux.

Malgré ces petits défauts, son agrément général et le fait qu'il s'agisse d'un produit entièrement français nous permettent d'en recommander l'emploi.

HotDog standard

Nous étions, il y a un peu plus d'un an, convaincus que HotDog était l'un des meilleurs éditeurs HTML du marché. Depuis, nous avons révisé notre position, et cela pour deux raisons : d'abord, d'autres produits sont apparus qui nous semblent meilleurs et d'un emploi plus facile ; ensuite, la politique commerciale de son éditeur, Sausage Inc., a mal évolué : nous avions payé 25 dollars pour la version standard (dite actuellement "version 16 bits") et nous devrions débourser maintenant 70 dollars pour une mise à jour. Dissuasif, n'est-il pas ? La Figure 6.8 montre comment se présente son interface utilisateur.

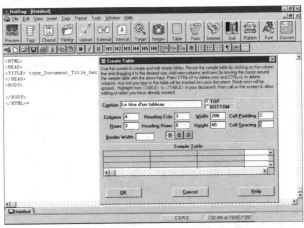

**Figure 6.8 : Interface utilisateur de HotDog,
version standard (16 bits).**

Il comporte une barre d'outils graphiques regroupant la plupart des commandes usuelles en plus d'une barre de menus très complète. La version actuelle reconnaît les frames. Parmi les options de configuration figure la conversion des caractères accentués à la volée. On peut lui reprocher quelques problèmes dans la gestion du pointeur de la souris qu'il n'est pas facile de positionner exactement. Il est très facile de créer des modèles, ce qui fait gagner du temps lorsqu'on crée des fichiers HTML où on veut retrouver la même structure générale.

A notre (humble) avis, ce n'est quand même pas un produit à dédaigner, car son utilisation est assez souple et pas désagréable pour ceux qui aiment mettre leurs mains dans le code généré. Néanmoins son rapport prix/performances est maintenant devenu défavorable par rapport à la concurrence.

NoteTab

Ce petit éditeur astucieux a été écrit pas un Suisse, Eric G.V. Fookes, et il mérite qu'on s'y attarde un peu. C'est un freeware que vous trouverez sous forme de fichier compressé, NOTETAB.ZIP (la version actuelle - 2.51 - fait un peu moins de 400 kilo-octets) sur le serveur de son auteur ou sur Tucows. La Figure 6.9 montre de quelle façon se présente son interface.

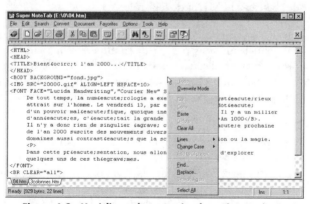

Figure 6.9 : Un éditeur de texte simple mais astucieux, NoteTab.

Parmi ses spécificités, citons : l'ouverture simultanée de plusieurs fichiers, l'existence d'un menu contextuel en cliquant sur le bouton droit de la souris, la conversion globale par menu des caractères accentués en entités, l'existence de *templates* et la possibilité d'en définir de nouveaux. Dans l'ensemble, un excellent produit, simple mais performant et qui fera les délices de ceux qui trouvent plaisir à manipuler directement les codes HTML.

SpiderPad

Voici un éditeur de balises qui nous plaît beaucoup en raison des facilités qu'il offre de personnaliser son comportement : barre d'outils, génération des commandes, tout est possible et assez facilement. Une version d'essai à durée limitée est proposée (mi-97, c'est la 1.4.2). Si, pour vous, l'essayer, c'est l'adopter, vous devrez faire parvenir 39 dollars à son auteur. La Figure 6.10 montre comment se présente une page en cours d'édition. Comme tout éditeur de ce type, il nécessite de votre part une bonne connaissance des balises HTML et de leur rôle.

En cliquant du bouton droit, vous faites apparaître un menu contextuel qui vous permet de modifier ce que vous aviez préalablement sélectionné. Parmi les options offertes figure une visualisation à l'aide d'un navigateur que vous aurez, une fois pour toutes, choisi lors de l'installation de SpiderPad. C'est à ce moment que vous déciderez ou non de convertir à la volée les caractères accentués en entités. Si vous insérez du texte par un couper/coller, le texte ainsi importé ne sera pas converti mais vous pourrez demander sa conversion par Search/Replace Ext Characters. Une option de vérification limitée (Modify/Check Tags) existe mais elle ne décèle pas les erreurs dans les attributs. Le diagnostic d'erreur (*Tag is OK* si c'est correct) s'affiche dans la barre d'état.

Figure 6.10 : Edition d'une page HTML avec SpiderPad.

Pour celui qui aime toucher du doigt les balises et procéder éventuellement à de minutieux ajustements, SpiderPad est un excellent outil. Il sera également apprécié par l'auteur Web ayant procédé à la création de son site Web avec un puissant éditeur WYSIWYG et qui désire y apporter in extremis quelques petites retouches. Sa souplesse de personnalisation en fait un outil parfaitement recommandable.

Les éditeurs WYSIWYG

AOLPress

A l'origine, ce produit était réservé à l'usage des abonnés du fournisseur d'accès américain America OnLine mais il est désormais banalisé et, comme c'est un freeware, chacun peut se le procurer, sur le serveur Tucows, par exemple. La version actuelle porte le numéro 2.0 et possède de nombreuses améliorations par rapport aux précédentes. Pour ceux qui - comme nous - se méfient de ce que peuvent générer les éditeurs WYSIWYG, il existe une option (Tools/Show HTML) qui permet de contrôler ce qui a été compris par AOLPress. On remarque que les caractères accentués ont été automatiquement convertis en entités. Mais il n'est pas indispensable de recourir à cette facilité car, pour voir ce que AOLPress a généré pour un "objet" (au sens HTML), il suffit de le sélectionner puis de laisser le pointeur de la souris immobile sur cette sélection pendant au moins une seconde. La Figure 6.11 montre comment se présente son écran.

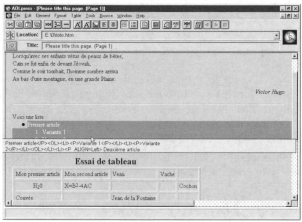

Figure 6.11 : L'écran de AOLPress.

A cette occasion, on pourra remarquer la génération d'une balise de fin (`</LI>`), qui relève d'une certaine fantaisie par rapport aux spécifications officielles, mais qui ne gêne en rien l'affichage par le navigateur.

L'insertion d'une image s'effectue au moyen d'une boîte de sélection de fichiers classique et, une fois l'image sélectionnée en double-cliquant dessus, il est très facile de la déformer en tirant sur l'une des poignées latérales (Figure 6.12).

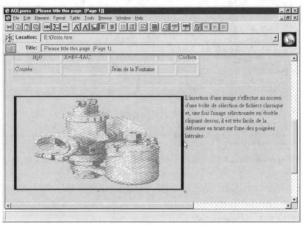

Figure 6.12 : Déformation interactive d'image.

Pour sortir de certains menus (listes, tableaux), il suffit généralement de cliquer sur Format (dans la barre de menus) puis sur la première entrée proposée. De toute façon, l'aide en ligne est bien conçue et permet de se tirer d'affaire grâce à des explications claires, détaillées et même imagées, car affichées sous forme de pages HTML. Il existe aussi un vérificateur d'orthographe, mais il ne vous sera utile que si vous écrivez votre page en langue anglaise. Le support des frames est maintenant assuré, et d'une façon interactive particulièrement agréable, comme on le voit sur la Figure 6.13.

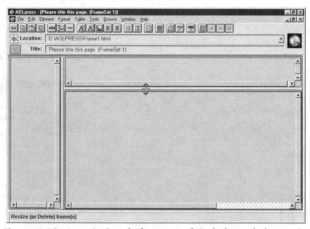

Figure 6.13 : La création de frames se fait du bout de la souris.

On ne peut qu'être surpris de trouver une telle qualité dans un éditeur gratuit et nous n'hésitons pas à en recommander vivement l'emploi.

Internet Assistant

Plutôt qu'un véritable éditeur, Internet Assistant est une grosse macro écrite par Microsoft qui vient s'insérer dans son traitement de texte Word pour lui conférer quelques possibilités d'édition HTML plus ou moins WYSIWYG. L'un de ses inconvénients (et non des moindres) est qu'on altère ainsi les menus de Word, y créant un mélange d'entrées en anglais et en français, modifiant les raccourcis clavier ; bref semant la pagaille. Et le problème, ensuite, c'est "comment s'en débarrasser ?". Outre ces modifications intimes, de nouvelles icônes apparaissent dans la barre d'outils. Le choix entre les modes d'édition normale et HTML s'effectue d'après l'extension du fichier qu'on édite. Pour créer un nouveau fichier HTML, il faut choisir HTML.DOT dans la liste des modèles présentés dans la boîte de dialogue de création de fichier.

De ce mélange des genres résultent plusieurs inconvénients. Vous ne pouvez plus éditer un fichier HTML au niveau de chaque balise avec Word ainsi défiguré car il ne vous laisse plus voir directement les commandes mais vous présente leur effet dans une tentative (généralement assez peu réussie) d'imitation de WYSIWYG. Si votre glossaire (vos abréviations habituelles activées avec <F3>) sont conservées, la vérification orthographique s'effectue maintenant avec un dictionnaire anglais, comme on peut le constater sur la Figure 6.14.

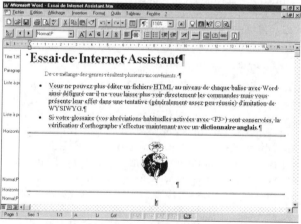

Figure 6.14 : Création d'un document HTML avec Internet Assistant.

Si vous voulez l'essayer, vous trouverez Internet Assistant sur le site de Microsoft sous un nom voisin de WORDIA.EXE selon la version du moment. Aux défauts que nous venons d'énumérer vient s'ajouter une lenteur d'exécution certaine due au fait que toutes ces macros doivent être interprétées. Si vous avez un Pentium et suffisamment de mémoire, vous ne vous en apercevrez pas trop. Mais avec un bon vieux 486 et 8 Mo de mémoire, préparez-vous à faire preuve de patience.

Internet Assistant reconnaît la plupart des balises HTML sans toutefois être au même niveau que les produits haut de gamme (comme FrontPage, par exemple) et effectue la conversion des caractères accentués à la volée. Evidemment, comme il s'agit d'un produit gratuit, on ne peut pas se montrer exigeant. Mais nous devons confesser avoir peu de goût pour ces logiciels "chaussette-parapluie" qui prétendent faire tout et le reste et, en définitive, le font de façon médiocre et pas très commode à utiliser.

Netscape Communicator

La version 4.0 du navigateur de Netscape comporte plusieurs composants dont un éditeur appelé *Composer*. Comme Netscape est encore actuellement très utilisé (bien que sa suprématie soit fortement menacée par Internet Explorer de Microsoft), on ne peut pas passer cet éditeur sous silence. Il faut néanmoins souligner qu'il n'existait pas dans les versions antérieures (3.x comprise) qui sont - et de loin - les plus répandues en 1997.

On peut appeler Composer directement (son icône est générée en même temps que celles des autres composants : Collabra, Messenger et Communicator, lors de l'installation) ou depuis Communicator. Dans ce dernier, l'entrée de menu Fichier/ Nouvelle page propose trois options : Page vierge, Avec un assistant et Avec un modèle. Les deux dernières nécessitent une connexion en ligne avec le serveur de Netscape et bien que

l'URL de celui-ci soit `http://home.fr.netscape.com/`
`fr/home/gold4.0_wizard.html` (où `fr` pourrait laisser
supposer que le logiciel est adapté à notre pays), tout le texte
d'accompagnement de l'assistant sera affiché en anglais.

> N'oubliez pas que Netscape Communicator est un produit
> commercial. Les versions téléchargeables sur le serveur
> de Netscape (6 à 8 Mo) ne sont utilisables que pendant
> une période limitée d'évaluation à l'expiration de laquelle
> vous ne pourrez plus travailler que sur des fichiers locaux.
> Avec une exception, toutefois : vous pourrez continuer à
> vous connecter sur le serveur de Netscape.

Ce que vous propose cet assistant est pauvre : titre(s),
paragraphe(s), inclusion de liens et couleurs d'arrière-plan et
de texte. On est surpris de constater qu'une composition aussi
rudimentaire nécessite une connexion sur un serveur. Sans doute
la raison est-elle davantage commerciale que réellement technique : amener du monde sur le serveur, ce qui peut avoir le
même effet que les prix d'appel des grandes surfaces : attirer le
chaland qui, une fois sur place, risque de faire des achats d'im-
pulsion auxquels il n'avait pas songé initialement. Si au cours
de la frappe de votre texte, vous vous trompez dans un paragraphe, vous n'aurez que la ressource de recommencer à zéro ou,
après avoir sauvegardé votre page, de la reprendre, une fois
déconnecté, avec un éditeur "normal", Composer, par exemple. La Figure 6.15 montre un exemple d'édition en ligne.

Choisir l'option Page vierge revient à appeler directement
Composer qui, comme tout éditeur HTML normal, ne
demande pas l'établissement d'une connexion. Une barre
d'outils et des menus nombreux vous permettent de composer votre page sans difficulté. La Figure 6.16 montre
comment se présente son écran. Composer est un éditeur

presque WYSIWYG (les numéros de liste, par exemple, sont remplacés par des caractères dièse).

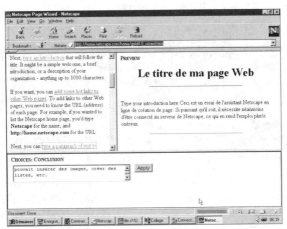

Figure 6.15 : L'éditeur en ligne de Netscape Communicator.

Les caractères accentués sont directement transformés en entités ainsi que les caractères spéciaux. On peut voir le code généré au moyen du menu Affichage/Source du document, ce qui permet de constater (avec surprise) que le contenu de chaque cellule d'un tableau est placé dans un conteneur `<DT>` ... `</DT>`. Voici, par exemple, comment se présente la première ligne du tableau représenté sur la Figure 6.16 :

```
<TR>
<TD>
<DT>Chat</DT>
</TD>

<TD>
<CENTER><DT>Chien</DT></CENTER>
</TD>
```

```
<TD>
<DT>Poule</DT>
</TD>

<TD>
<DIV ALIGN=right><DT>Canard</DT></DIV>
</TD>
</TR>
```

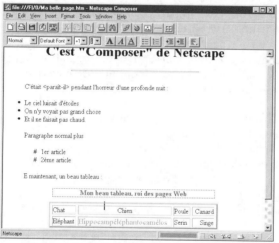

Figure 6.16 : L'écran de Netscape Composer.

La génération des tableaux se fait au moyen d'une boîte de dialogue bien pourvue en options et, bien entendu, les frames - extension proposée à l'origine par Netscape - sont supportées. Cliquer du bouton droit sur un des éléments de la page entraîne l'affichage d'un menu contextuel avec, entre autres, une entrée Propriétés qui, lorsqu'on la choisit, propose une boîte de dialogue permettant de corriger ou d'affiner ce qui concerne l'objet HTML sur lequel on avait cliqué.

Composer est un bon éditeur HTML et son principal défaut est de faire partie d'un lot (ce que les Américains appellent un *bundle*) et ne peut donc pas être acquis isolément.

FrontPage

C'est le dernier en date des produits pour le Web lancé en France par Microsoft (début 1997). Il se décompose en deux parties : l'explorateur - qui s'intéresse à la structure d'un site Web dans son ensemble - et l'éditeur proprement dit, qui sert à écrire les pages composant l'ensemble de la présentation. En outre, le package livré par Microsoft comprend un petit serveur personnel et un puissant éditeur d'images, *Image Composer*. Le prix conseillé de cet ensemble est de 1 200 francs, ce qui montre bien qu'il s'agit en fait d'un logiciel destiné à des applications professionnelles.

A l'intérieur, on trouve tout ce qu'on peut souhaiter. Les barres d'outils sont nombreuses, certaines spécialisées dans tel ou tel objet HTML ; des boîtes de dialogue permettent d'affiner les options de chaque balise et un menu contextuel, déclenché par un clic du bouton droit, propose des options de correction pour tous les objets HTML déjà présents dans une page. La Figure 6.17 montre comment se présente son écran.

On y remarque l'espacement double des articles de la liste à puces. Nous n'avons pas réussi à découvrir l'option à solliciter pour le ramener à un espacement normal : ni dans la barre de menus ni dans le menu contextuel. Il reste la possibilité de faire la correction à la main (les articles de la liste sont chacun dans un conteneur <P> ... </P>) grâce au menu Affichage/HTML. On constatera à cette occasion que les caractères accentués ne sont pas traduits par des entités. Là non plus, nous n'avons pas découvert comment faire, l'expression "caractères accentués" étant absente de la liste des articles de l'aide en ligne, de même que le mot "entités".

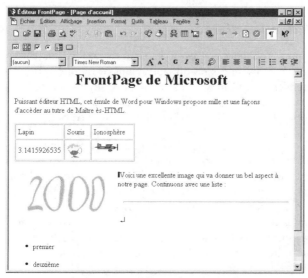

Figure 6.17 : L'éditeur de FrontPage.

La grande originalité de FrontPage est de faire appel à des *WebBots*, qui sont des sortes de commandes spécialisées, comparables à des *scripts CGI* apportant une nouvelle dimension aux pages HTML. Malheureusement, elles demandent que soient installées des extensions spécifiques sur le serveur et on comprend d'autant plus la réticence des administrateurs de système à le faire que Microsoft a reconnu récemment l'existence de plusieurs failles de sécurité dans ce système.

Du fait de sa puissance, son apprentissage n'est pas des plus aisé et l'indigence de la brochure fournie par Microsoft ne contribue pas à faciliter l'exploitation de tout ce qu'il propose. Toutes proportions gardées, on a un peu l'impression que Microsoft a réécrit Word pour l'adapter à HTML.

Faire un choix _____

Entre les éditeurs simplets et les usines à gaz il y a place pour un choix raisonné et raisonnable. Nous écarterons a priori les premiers, car ils ne sont pas pour vous, sinon vous n'auriez pas acheté ce livre. Exit, donc, HodDog Express, Webedit et l'offre d'Infonie. Reste les véritables outils d'édition.

Si vous n'avez pas l'intention d'apporter de fréquentes améliorations à votre présentation Web, un éditeur WYSIWYG est probablement ce qui vous conviendra le mieux. Pourquoi ne pas adopter AOLPress qui est un bon logiciel, gratuit de surcroît ? Si vous êtes un perfectionniste et que vous aimez vous livrer à des travaux de broderie sur votre présentation, il vous faut un éditeur qui descende au niveau du moindre attribut de chaque commande et, dans ce cas, NoteTab ou SpiderPad constitueront un excellent choix.

Pour en savoir davantage _____

- FrontPage : *FrontPage 97*, par Michel Dreyfus, éd. Sybex, collection Mégapoche, 1997.

- Serveur TUCOWS (miroir français) : `http://tucows.via.ecp.fr/`

- Notetab : `http://www.unige.ch/sciences/terre/geologie/fookes/`

- SpiderPad : `http://www.sixlegs.com`

- HotDog : `http://www.sausage.com`

- Internet Assistant : `http://www.microsoft.com`

CHAPITRE 7

Le bon emploi des images

Bien utilisées, les images apportent un plus indéniable à une présentation Web. Malheureusement, il est facile de s'en servir dans de mauvaises conditions. L'abus des images, en particulier, ralentira le chargement des pages. Ne vous étonnez pas, alors, si vos visiteurs n'ont pas la patience d'attendre que votre page soit complètement affichée et s'en vont vers d'autres présentations plus "légères".

Quels formats d'images pour le Web ?

Il existe un très grand nombre de formats d'images ayant chacun leurs avantages et leurs inconvénients. Sur le Web, heureusement, seuls deux formats sont actuellement d'un usage courant : GIF et JPEG. Un troisième, PNG, devrait progressivement remplacer GIF mais il est rare de trouver des éditeurs d'images qui l'acceptent. Citons parmi eux Cpic (CompuPic) de Photodex. Du côté des navigateurs, ce n'est pas non plus encourageant. Internet Explorer et Netscape Navigator devraient reconnaître ce format à partir de leurs versions 4.0b1 pour le premier et 4.1 ou 5.0 pour l'autre. Nous nous limiterons donc ici à GIF et JPEG.

Le tableau suivant résume les caractéristiques essentielles de ces deux formats pour l'auteur Web :

	GIF	JPEG
Nombre de couleurs maximal	256	16 millions
Perte de qualité	Aucune	Variable
Transparence	Oui	Non
Vitesse d'affichage	Bonne	Moins bonne

Les deux formats mettent en oeuvre des algorithmes de compression différents ayant pour but de diminuer le plus possible l'encombrement du fichier image. Alors qu'avec GIF aucun détail de l'image n'est perdu, avec JPEG, l'utilisateur a la possibilité de définir au moment où il crée l'image un facteur de qualité qui agit sur la réduction de taille du fichier image mais au prix de la perte de certains détails. C'est pourquoi on réserve plutôt le JPEG à l'image servant à créer l'arrière-plan (référencée par l'attribut BACKGROUND dans le conteneur <BODY>).

> En réalité, il y a deux standards GIF : le 87a et le 89a, le plus récent. C'est de ce dernier que nous parlerons ici.

La transparence

Une image transparente est une image dont le fond ne masque pas l'arrière-plan sur lequel elle est posée. La Figure 7.1 montre la même image d'abord telle quelle, puis avec un fond transparent. Pour mettre cette qualité en évidence, on a utilisé une image d'arrière-plan très présente (un peu trop, sans doute).

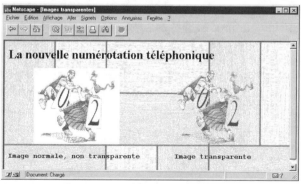

Figure 7.1 Une image transparente.

Toute image au format GIF 89a peut être dotée d'un fond transparent. Il suffit pour cela d'utiliser un éditeur d'images de bonne qualité comme les sharewares LView Pro ou Gif Construction Set. Il faut éviter de rendre transparentes les images n'ayant pas un fond uni sinon ce fond semblerait "mangé aux mites" : il y aurait des trous par lesquels on verrait le fond.

L'entrelacement

Il s'agit d'un artifice qui donne l'impression d'un chargement accéléré de l'image. Pour cela, celle-ci a subi un traitement préalable au moment de sa sauvegarde et, lorsqu'elle se chargera, elle apparaîtra tout de suite dans son ensemble mais par groupes de lignes espacées, un peu comme si on la voyait à travers un store vénitien. On aura donc rapidement une idée de ce qu'elle représente, même s'il faut attendre que le chargement soit complet avant de pouvoir en apprécier tous les détails. Bien entendu, c'est surtout sur des images de taille importante (de plus de 10 Ko) que cet effet sera le mieux perçu et le plus apprécié.

Cette propriété est particulière au format GIF mais le format JPEG dispose de la *progressivité,* qui produit le même effet au chargement. Ici encore, LView Pro permet de sauvegarder une image JPEG en agissant sur bon nombre de ses paramètres, dont la qualité et la progressivité, comme on peut le voir sur la Figure 7.2, qui reproduit le menu des propriétés d'une image JPEG.

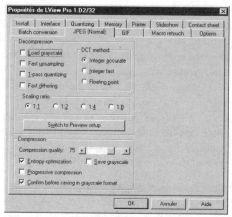

Figure 7.2 : Menu des propriétés d'une image JPEG.

Incorporation d'images dans une page Web

Une image peut être présente de deux façons dans une page Web : soit en constituer l'arrière-plan (attribut BACKGROUND du conteneur <BODY>), soit être placée à l'endroit approprié dans le texte qui est affiché (marqueur <IMG>).

L'image en fond de page

Nous avons vu qu'on utilisait d'habitude des images de type JPEG, ce qui s'explique par leur encombrement généralement plus faible que les images GIF et surtout pas le fait qu'on peut accepter ici une certaine perte de qualité, car elles servent de toile de fond et n'ont pas besoin d'être aussi détaillées que si elles venaient illustrer du texte.

Ce sont le plus souvent des *textures* qui sont utilisées. Une seule image peut être présente dans une page et elle sera automatiquement reproduite par effet de mosaïque pour couvrir toute la surface de l'écran. Dans le choix de l'image, il faut porter une grande attention à ce point pour que les raccordements des quatre côtés ne fassent pas apparaître de solution de continuité ou de motif parasite. La Figure 7.3 présente quelques exemples de textures possibles, les unes d'aspect volontairement flou ; les autres, au contraire, géométriques. Notez que ces dernières sont d'un emploi plus délicat, car elles risquent de masquer le texte qu'elles accompagnent.

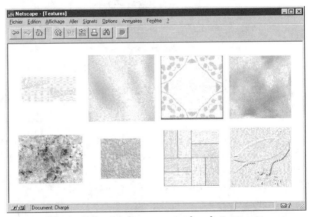

Figure 7.3 : Quelques exemples de textures.

Il faut porter une grande attention au choix des couleurs et, au besoin, retoucher l'image de fond et/ou modifier la couleur d'affichage du texte (attribut TEXT du conteneur <BODY>) pour qu'il continue d'être suffisamment lisible. Si on adopte une texture de teinte foncée, il faudra choisir un texte de teinte blanche ou jaune, par exemple. Pensez également à modifier la couleur des appels de liens (attributs

LINK, ALINK et VLINK du conteneur ⟨BODY⟩) et assurez-vous qu'ils restent bien visibles dans tous les cas.

Une application intéressante des images d'arrière-plan est la superposition d'une seule image à du texte. Il n'existe aucune commande HTML permettant de réaliser des juxtapositions. Certains navigateurs permettent d'obtenir un léger recouvrement d'images au moyen de tableaux, mais cet artifice n'est pas reproductible avec tous et nous n'en parlerons donc pas. L'astuce - si astuce il y a - consiste tout simplement à utiliser comme toile de fond une image de taille suffisante (800 x 600, par exemple) qui aura été délavée par un traitement graphique approprié. Vu sa taille, elle risque peu d'être dupliquée par effet mosaïque. Si la page est longue, on peut agrandir le format de l'image en passant à 800 x 1200, par exemple.

On pourrait s'inquiéter de la taille d'une telle image et craindre que le temps de chargement de la page n'en soit gravement affecté. Ce n'est pas le cas, pour une raison très simple : l'image contient en réalité peu d'éléments, l'essentiel étant du vide. Dans ce cas, on a tout intérêt à choisir le format GIF de préférence au format JPEG, comme le montre le tableau ci-dessous.

Format	GIF	JPEG
800x600	10 383	18 704
800x1200	11 340	38 064

La Figure 7.4 montre un exemple de ce type d'utilisation. Le listing ci-dessous montre un extrait du document HTML correspondant :

```
⟨HTML⟩
⟨HEAD⟩
⟨TITLE⟩Le pigeon⟨/TITLE⟩
```

```
</HEAD>
<BODY BACKGROUND="pigeon3.jpg">
<H1>Le pigeon, tel qu'en lui-&ecirc;me...</H1>
<FONT SIZE="4">Le pigeon a toujours &eacute;t&eacute; un sujet
d'int&eacute;r&ecirc;t pour les hommes, au point que ce mot a
re&ccedil;u plusieurs acceptions, pas toujours tr&egrave;s
flatteuses. Nous allons tenter ici de vous faire d&eacute;couvrir
quelques uns de ses aspects les plus connus  ainsi que d'autres,
peut-&ecirc;tre plus inattendus.
<P>
C'est ainsi que nous aborderons les points suivants :
</FONT><BLOCKQUOTE>
<UL>
...
```

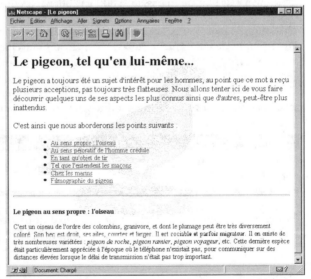

Figure 7.4 : Exemple de superposition de texte et d'image.

Cette image a été obtenue en passant une vieille gravure au scanner en mode demi-teintes. On l'a ensuite délavée au moyen de l'éditeur graphique LViewPro en exagérant ses composantes de couleur dans le bleu et le vert (Retouch/Color Balance). Enfin, elle a été recentrée pour obtenir une bonne juxtaposition avec le texte.

> **Pour éviter tout déplacement de l'image par rapport au texte, on peut inclure l'ensemble de la page dans un tableau[4] auquel on impose une largeur donnée, comme dans l'exemple ci-dessous :**
>
> ```
> <BODY BACKRGOUND=...>
> <TABLE WIDTH="600">
> <TR><TD>
>     ... contenu de la page
> </TR></TD>
> </TABLE>
> </BODY>
> ```

ATTENTION

L'image dans le contenu de la page

Pour afficher une image dans un texte, on utilise le marqueur <IMG>, qui admet les paramètres suivants. Seul, le premier est indispensable :

- SRC indique le nom et le chemin d'accès de l'image. Cela peut être un nom de fichier ou une URL absolue ou relative.

- ALT indique le texte qui sera affiché à la place de l'image si l'utilisateur a désactivé le chargement des images ou si son navigateur ne sait pas les traiter.

---

4. Les tableaux seront étudiés au Chapitre 8.

- ALIGN spécifie l'alignement horizontal (valeurs left - à gauche - ou right - à droite) ou vertical (valeurs top - en haut -, middle - au milieu - et bottom - en bas) de l'image.

- HEIGHT indique la hauteur de l'image, exprimée en pixels.

- WIDTH indique la largeur de l'image, exprimée en pixels.

- BORDER indique la largeur de la bordure éventuelle entourant l'image.

- HSPACE indique l'espace libre à ménager à droite et à gauche de l'image.

- VSPACE indique l'espace libre à ménager en haut et en bas de l'image.

- USEMAP et ISMAP sont propres aux images réactives. Nous les étudierons à la fin de ce chapitre.

La Figure 7.5 montre quelques exemples d'affichage d'images correspondant aux commandes suivantes :

```
<BODY BACKGROUND="pb300.jpg">
---------- Voici quelques exemples de commandes de chargement
d'images ----------
<BR>
<IMG SRC="tpha.gif"><IMG SRC="tpha.gif" BORDER="11"
  ALIGN="bottom" ALT="Les chiffres 0 et 2 dansent"><IMG
  SRC="tpha.gif" HSPACE="20" ALIGN="middle">
</BODY>
```

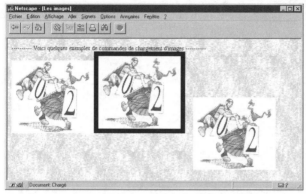

Figure 7.5 : Quelques exemples d'affichage d'images.

La première instruction :

```
<IMG SRC="tpha.gif">
```

est la plus simple qui soit. C'est (heureusement) celle qu'on rencontre le plus souvent. La seconde :

```
<IMG SRC="tpha.gif" BORDER="11" ALIGN="bottom"
   ALT="Les chiffres 0 et 2 dansent">
```

spécifie une bordure de 11 pixels autour de l'image, un alignement par le bas et un texte de remplacement lorsque les images ne sont pas chargées. La Figure 7.6 montre comment ce texte s'affiche (les bordures sont néanmoins tracées) lorsque le visiteur a cliqué sur l'entrée de menu Options/Autochargement des images de Netscape Navigator pour refuser cette option.

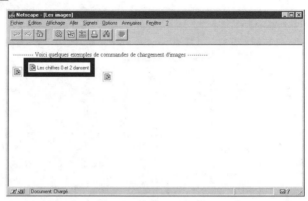

Figure 7.6 : Lorsqu'il est interdit au navigateur de charger les images, un texte de remplacement peut être affiché à leur place.

Internet Explorer ne reconnaît pas l'attribut BORDER.

Enfin, le troisième exemple :

```
<IMG SRC="tpha.gif" HSPACE="20" ALIGN="middle">
```

met en oeuvre un alignement sur le milieu (en hauteur) de l'image, autour de laquelle est ménagé un espace libre de 20 pixels à droite et à gauche.

Rôle des attributs WIDTH et HEIGHT

Ces attributs peuvent servir à modifier les dimensions de l'image au moment de son affichage. Quels qu'ils soient, l'image qui sera chargée est l'image originale. Si ces dimensions sont inférieures à celles de l'image originale, celle-ci sera réduite d'autant. Si elles sont supérieures, elle sera agrandie mais on risque fort, dans ces conditions, d'observer un effet d'escalier désagréable. Enfin, si le coefficient de transformation n'est pas le même dans les deux dimensions, il y aura anamorphose (déformation) de l'image. La Figure 7.7 montre l'effet de ces deux attributs.

On a intérêt, même si on veut charger l'image avec ses dimensions originales, à spécifier les valeurs de ces deux attributs, car cela permet au navigateur de réserver tout de suite la place nécessaire pour l'image sur l'écran et de continuer à afficher le texte pendant que l'image se charge progressivement, permettant ainsi à l'utilisateur d'avoir plus vite quelque chose d'intéressant sous les yeux.

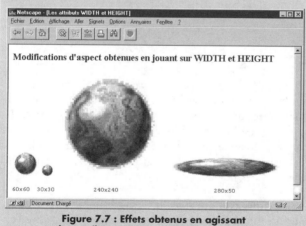

**Figure 7.7 : Effets obtenus en agissant
sur les attributs HEIGHT et WIDTH d'une image.**

Le répertoire des images

La solution la plus simple consiste à placer ses images dans le même répertoire que ses fichiers HTML. Mais si, plus tard, on souhaite enrichir ses pages avec des sons, des animations, des scripts..., mélanger tous ces éléments produira un joyeux désordre dans lequel il ne sera pas facile de se retrouver. A notre (humble) avis, mieux vaut créer autant de sous-répertoires que de fichiers non HTML. Par exemple, des répertoires `images`, `sons`, `anima`... Cette structure devra naturellement être reproduite dans l'espace disque que votre serveur vous a alloué. Nous verrons au Chapitre 14 comment utiliser un logiciel client FTP pour gérer ses répertoires à distance.

Le marqueur d'insertion d'une image prendra alors la forme suivante :

```
<IMG SRC="images/monimage.gif">
```

Les images GIF animées

On voit de plus en plus sur les pages Web de petites images qui bougent. Par exemple, l'icône sur laquelle on peut cliquer pour envoyer un *e-mail* à l'auteur peut se présenter sous forme d'une enveloppe dans laquelle une feuille de papier se glisse et qui se ferme ensuite. Cette animation est réalisée directement par le navigateur, qui exploite une particularité des fichiers GIF.

Nous allons expliquer sur un exemple comment on fabrique une image GIF animée. Pour cela, nous utiliserons l'excellent programme shareware Gif Construction Set, déjà cité à propos des images transparentes. Nous allons réaliser l'affichage de notre prénom, Yves, de telle façon que le Y s'affiche d'abord tout seul ; puis, 2 dixièmes de seconde après, nous afficherons "YV" ; puis "YVE" ; puis "YVES". Ensuite, nous effacerons le tout sans rien afficher d'autre pendant une seconde et nous recommencerons en boucle.

Commençons par confectionner 5 images de taille inégale, regroupées sur la Figure 7.8. Nous avons appelé ces images y1.bmp, y2.bmp... y5.bmp et nous les avons réalisées tout simplement avec le petit éditeur d'images Paint qui accompagne Windows 95. Elles sont de tailles croissantes, sauf la dernière, qui n'a que deux pixels de large.

Figure 7.8 : Cinq images de base d'une image GIF animée.

Grâce à l'Animation Wizard de Gif Construction Set, nous allons sélectionner toutes les images puis, par le menu Block/Manage, allons déclarer que leur fond (de couleur blanche) est transparent et que l'intervalle de temps entre chacune est de $20/100^c$ de seconde. Ensuite, nous éditerons le bloc de contrôle de la dernière image pour porter le délai à 1 seconde. Il ne nous restera plus qu'à sauvegarder cette image GIF sous le nom de yves.gif. C'est le logiciel qui fait automatiquement la conversion et l'assemblage des figures.

Nous n'hésitons pas à recommander cet excellent programme, lequel permet en outre la réalisation d'images GIF entrelacées. Il est accompagné de plusieurs notices dont l'une, de quatre pages, très claire - pour peu que vous lisiez l'anglais -, vous permet d'être immédiatement opérationnel

; une autre, d'une trentaine de pages, vous explique dans le détail ce que peut faire le programme et vous donne d'utiles explications sur le format GIF. Tout cela, pour la modique somme de 20 dollars (environ 120 francs).

Effets spéciaux

Les bannières

On appelle ainsi des images de format allongé qui servent, la plupart du temps, à faire passer un message publicitaire. Internet Explorer (et lui seul) propose, pour les faire défiler, le conteneur <MARQUEE>, qui admet plusieurs attributs générant le sens et la répétition du message qui défile. Comme il s'agit d'une extension ignorée en dehors de ce navigateur, nous ne la détaillerons pas, mais nous croyons utile de citer une intéressante propriété de Gif Construction Set. Celle-ci utilise les propriétés des images GIF animées pour créer de façon très simple des bannières avec des effets intéressants de lumière ou d'ombrage. Pour cela, il faut cliquer sur Edit/Banner et, dans la grande boîte de dialogue qui s'affiche, choisir les paramètres qui conviennent à l'effet recherché (Figure 7.9).

Certains effets, comme Neon et Backlight, ne s'accommodent réellement bien que d'un fond noir. Les ombrages (Soft Shadow et Drop Shadow) conviennent à un fond de type papier peint. Enfin, Embossed (effet de relief) n'est pas très convaincant. La Figure 7.10 montre quelques exemples.

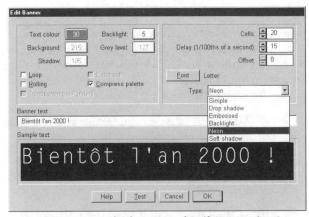

Figure 7.9 : Menu des bannières de Gif Construction Set.

Figure 7.10 : Quelques exemples de bannières.

Apparition et disparition programmées

Toujours avec Gif Construction Set, on peut obtenir des effets d'apparition et/ou de disparition progressives grâce au menu Edit/Transition qui affiche une boîte de dialogue reproduite sur la Figure 7.11. Les effets qui nous ont semblé le plus intéressants sont :

■ SANDSTROM (littéralement "tempête de sable"), qui fait apparaître une image en la fragmentant.

■ TILE (mosaïque), qui construit une image par petits carrés de quelques pixels répartis de façon aléatoire sur toute sa surface.

■ HORIZONTAL SPLIT (partage horizontal), où l'image est divisée horizontalement en deux moitiés qui apparaissent : celle du haut depuis la gauche, et celle du bas depuis la droite.

■ WIPE IN ... (balayage), où l'image apparaît en glissant depuis l'un des quatre bords.

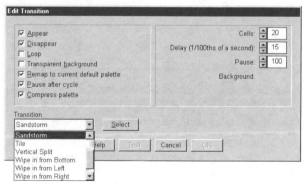

Figure 7.11 : Menu des Transitions de Gif Construction Set.

Bien entendu, ces effets (que nous ne pouvons pas illustrer ici puisque le mouvement est indispensable pour en montrer le résultat) ne doivent être utilisés qu'avec parcimonie et pas plus de deux ou trois fois dans une même présentation, sous peine d'agacer autant que l'abus de <BLINK>. A notre avis, ils conviennent mieux à des images qu'à des titres ou à des bannières.

> Ces effets sont obtenus en multipliant le nombre d'images intermédiaires, ce qui conduit à des tailles de fichier importantes, de 100 à 200 Ko à partir d'une image de 158 x 230. Il faut donc les réserver à des vignettes, des icônes ou des dessins monochromes. Nous conseillons de contrôler la taille de l'image résultante avant de l'incorporer à une page Web et de refuser toute image dont le fichier a une taille supérieure à une trentaine de kilo-octets.

ATTENTION

Les images réactives

Une image réactive est une image de taille raisonnable qui a été découpée en zones affectées chacune à une page ou à une présentation Web différente. En cliquant sur une de ces zones, on charge la page correspondante. C'est un outil graphique de navigation très apprécié car très pratique. Son principe est le suivant : chaque zone est décrite par son type et une suite de coordonnées conservées dans un *fichier de cartographie* en compagnie de l'URL de la page de destination. Lorsque l'utilisateur clique dans une zone, on recherche dans laquelle de ces zones est situé ce point et, une fois qu'on a trouvé, on obtient du même coup l'URL où se trouve la page à charger.

A l'origine, il existait deux implémentations de cette technique, toutes deux faisant appel au serveur et réalisées, l'une par le CERN, l'autre par le NCSA. Avec des formats incompatibles, naturellement. Il fallut attendre un certain temps pour que l'on s'aperçoive que le recours au serveur n'était absolument pas nécessaire : il suffisait d'ajouter quelques instructions au navigateur et d'incorporer le fichier de cartographie (auparavant stocké sur le serveur) dans le corps même du document HTML. C'est cette dernière méthode que nous étudierons. C'est la plus simple à mettre en œuvre : elle évite une surcharge du serveur et il n'est pas nécessaire de demander à l'administrateur de ce dernier l'autorisation d'installer des programmes et/ou des fichiers particuliers sur sa machine (ce qu'en général il vous refusera, par prudence).

> **ATTENTION**
>
> D'une façon générale, tous les navigateurs ne supportent pas les images réactives et, principalement, l'implémentation *client side* que nous allons décrire. C'est pourquoi nous conseillons de toujours doubler les menus de navigation au moyen d'images réactives par des menus à base de texte, offrant ainsi le choix à l'utilisateur.

Le choix de l'image

On doit pouvoir délimiter dans cette image des zones géométriques, appelées *zones sensibles,* sur lesquelles devra cliquer l'utilisateur. Il faut évidemment qu'elles soient faciles à identifier, ce qui interdit l'utilisation d'images trop chargées, comme des photographies, par exemple. Cette technique convient très bien pour réaliser des menus de navigation, comme on peut le voir sur la Figure 7.12.

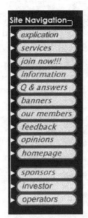

Figure 7.12 : Image réactive utilisée comme menu de navigation.

Mais on peut aussi utiliser un dessin, pourvu qu'il se prête graphiquement et logiquement à un découpage clair. C'est le cas, dans des genres très différents, des images présentées sur la Figure 7.13. L'image du haut pourrait servir de guide de navigation à une présentation appelée "Visitez ma maison". Nous allons utiliser celle du bas comme base de travail pour une hypothétique présentation qui pourrait s'appeler "La nouvelle numérotation téléphonique".

Le découpage de l'image

La première chose consiste à définir le découpage de l'image en zones sensibles dont les coordonnées vont être rassemblées dans ce que nous continuerons d'appeler un *fichier de cartographie,* bien qu'il ne s'agisse plus, maintenant, que d'une table incorporée au document HTML. Il n'est pas indispensable que ces zones décrivent la totalité de l'image car, à toute zone non décrite est automatiquement associée une page définie par défaut et qui sera activée lorsque l'utilisateur cliquera à l'intérieur. Cette page pourrait, par exemple, afficher un message d'erreur. Deux zones peuvent se recouvrir partiellement. Dans ce cas, celle qui sera retenue est celle qui est décrite en premier dans le fichier de cartographie.

Il existe trois formes de zones sensibles :

- Le cercle, défini par son centre et son rayon.
- Le rectangle, défini par les coordonnées d'une de ses diagonales.
- Le polygone, défini par les coordonnées de chacun de ses sommets.

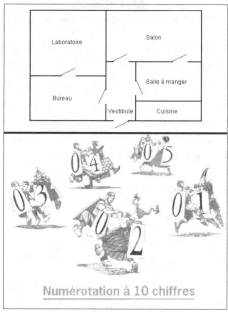

**Figure 7.13 : Images convenant bien
à la confection d'images réactives.**

A vrai dire, il existe aussi théoriquement le point, mais il a heureusement disparu du menu de la plupart des programmes utilitaires actuels qui servent à fabriquer un fichier de cartographie (essayez donc de cliquer exactement sur un point précis dans une fenêtre d'application !).

Plutôt que de décrire la structure d'un fichier de cartographie, nous allons voir comment on procède pour en créer un avec le programme MapThis qui, avec MapEdit, est un des deux programmes utilitaires les plus fréquemment utilisés sur les plates-formes Windows. Le premier a, en outre, l'avantage d'être entièrement gratuit (c'est un freeware).

Création d'un fichier de cartographie

Après avoir lancé le programme, cliquez sur File/New et, dans la boîte de sélection qui s'ouvre, double-cliquez sur le nom du fichier image à utiliser. Cliquez ensuite sur la cinquième icône de la seconde barre d'outils (ou sur View/Area List). La fenêtre de MapThis est divisée en deux parties : à droite, l'image à découper ; à gauche, la liste des zones sensibles. Voici comment on définit les zones :

- Cercle : Cliquez sur le centre supposé et faites glisser le pointeur de la souris jusqu'à recouvrir la zone. Relâchez.

- Rectangle : Cliquez sur l'un des sommets et faites glisser le pointeur de la souris jusqu'au sommet opposé. Relâchez.

- Polygone : Cliquez successivement sur chacun des sommets sauf le dernier, sur lequel vous double-cliquerez.

Chaque figure est matérialisée par un contour entourant une zone grillagée de couleur bleue. Si vous vous apercevez que vous vous êtes trompé, vous pouvez annuler le pointage de la zone en cliquant sur l'entrée de la liste des zones, à gauche de l'écran, puis sur le bouton portant un gros X rouge. La Figure 7.14 montre comment se présente alors l'image de la nouvelle numérotation téléphonique utilisée pour cet exemple.

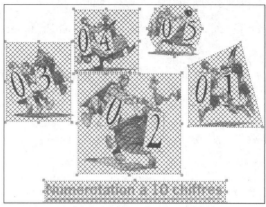

Figure 7.14 : Image réactive comportant six zones.

Une fois que la définition des zones est achevée, il faut leur associer des URL. Pour cela, cliquez sur l'une des entrées de la liste de gauche. Le contour de la zone concernée passe en rouge. Vous pouvez alors double-cliquer sur cette entrée, ce qui affiche une boîte de dialogue dans laquelle vous indiquerez le nom de l'URL à référencer (Figure 7.15).

Cela fait, il ne reste plus qu'à définir quelques paramètres généraux du fichier de cartographie. Cliquez sur File/Save As... et, dans la boîte de sélection de fichier qui s'affiche, cliquez sur le nom du fichier HTML qui doit recevoir le fichier de cartographie. Une boîte de dialogue s'affiche, dans laquelle il faut renseigner chaque boîte de saisie, comme le montre la Figure 7.16. Après avoir cliqué sur le bouton en face de CSIM, cliquez sur le bouton OK.

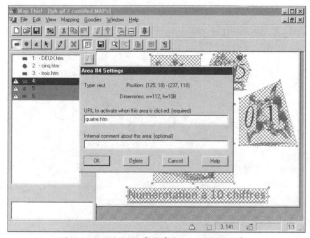

**Figure 7.15 : On doit faire correspondre
une URL à chaque zone sensible.**

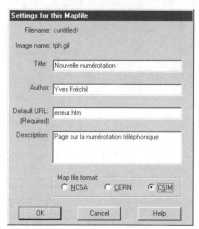

Figure 7.16 : Paramètres généraux du fichier de cartographie.

Liaison avec l'image réactive

Voici comment se présente le fichier de cartographie qu'on vient de créer :

```
<MAP NAME="Nouvelle numérotation">
<!-- #$-:Image Map file created by Map THIS! -->
<!-- #$-:Map THIS! free image map editor by Todd C. Wilson -->
<!-- #$-:Please do not edit lines starting with "#$" -->
<!-- #$VERSION:1.30 -->
<!-- #$DESCRIPTION:Renseignements sur la nouvelle numérotation
téléphonique -->
<!-- #$AUTHOR:Yves Fréchil -->
<!-- #$DATE:Tue Jul 01 15:04:44 1997 -->
<!-- #$PATH:E:\0\ -->
<!-- #$GIF:tph.gif -->
<AREA SHAPE=RECT COORDS="131,121,312,295" HREF="DEUX.htm">
<AREA SHAPE=CIRCLE COORDS="302,42,46" HREF="cinq.htm">
<AREA SHAPE=RECT COORDS="4,67,117,203" HREF="trois.htm">
<AREA SHAPE=RECT COORDS="125,10,237,118" HREF="quatre.htm">
<AREA SHAPE=POLY COORDS="326,106,326,212,458,213,418,65,326,106"
        HREF="un.htm">
<AREA SHAPE=RECT COORDS="72,309,391,344" HREF="numero.htm">
<AREA SHAPE=default HREF="erreur.htm">
</MAP>
```

Il faut maintenant effectuer la liaison entre les éléments descriptifs des zones sensibles et le conteneur `<IMG>` qui référence l'image réactive. Dans ce que nous avons appelé le fichier de cartographie, deux commandes sont fondamentales : le conteneur `<MAP>`, qui renferme le fichier de cartographie, et les marqueurs `<AREA>`, qui décrivent chacune des zones sensibles. Dans le premier, on notera la valeur donnée à l'attribut `NAME` et on la reportera telle quelle, précédée d'un caractère dièse (#) dans le marqueur ⟨IMG⟩ qui se rapporte à l'image réactive, ce qui donnera :

```
<IMG SRC="TPH.GIF" ALT="Carte de navigation" ALIGN="RIGHT"
  USEMAP="#Nouvelle numérotation">
```

Ici, c'est l'attribut USEMAP qui indique le nom du fichier de cartographie (interne) à utiliser[5]. Pour vérifier que l'ensemble est fonctionnel, avant même d'avoir écrit les pages nécessaires, il suffit de charger cette page dans un navigateur et de promener, sans cliquer, le pointeur de la souris sur l'image réactive pour voir s'afficher dans la barre d'état le nom de la page à appeler. On remarquera que l'image est maintenant entourée d'un liseré bleu, ce qui indique que c'est un appel de lien (en réalité, un tableau d'appels de lien). La Figure 7.17 montre comment se présente l'écran de Netscape Navigator.

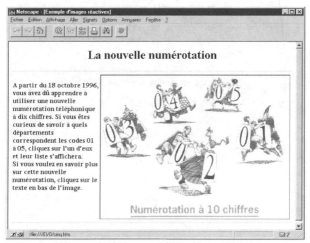

Figure 7.17 : Page Web faisant appel à une image réactive.

---

5. Avec les méthodes *serveur side* (CERN ou NCSA), c'est l'attribut ISMAP qui est utilisé.

Taille et nombre de couleurs d'une image

Ces deux paramètres sont liés. On se doute que le fichier d'une image utilisant 16 millions de couleurs demandera plus de place que si elle est limitée à 256. En dehors de ces questions d'encombrement, il faut se demander s'il y a un intérêt réel à utiliser plus que 256 couleurs dans une image destinée à être vue au moyen d'un navigateur. La réponse est évidemment non. D'abord parce que peu d'utilisateurs, en dehors des professionnels du graphisme, disposent de contrôleurs vidéo pouvant réellement afficher des images d'au moins 800 x 600 pixels avec plus de 256 couleurs. Ensuite, parce que, dans la plupart des cas, l'oeil du visiteur moyen ne verra aucune réelle différence entre une image en 256 couleurs et une image en 16 millions de couleurs. Enfin, parce que les conditions d'observation, la qualité et le réglage des moniteurs utilisés ne permettent pas réellement d'apprécier de telles finesses.

256 couleurs sur le Web ?

Non, ce n'est pas tout à fait juste. En réalité, pour des raisons qu'il serait trop long d'expliquer ici (mais on y trouvera une référence à la fin de ce chapitre), le nombre de couleurs qu'il est recommandé d'utiliser est de 216 (6^3, très exactement).

Le temps de chargement d'une image sera d'autant plus long qu'elle contiendra davantage de couleurs. Pour fixer les idées, nous avons sauvegardé l'image 314 x 99 pixels d'une palette en 16 millions de couleurs (24 bits par pixel, mode dit "true color") de plusieurs façons :

Format	Nombre de couleurs	Remarque	Taille du fichier
GIF	256		16 052
JPEG	16 millions	Haute qualité	9 291
JPEG	16 millions	Basse qualité	2 385
TIFF	16 millions		17 384

La Figure 7.18 donne un faible aperçu de la différence de qualité entre les deux images JPEG.

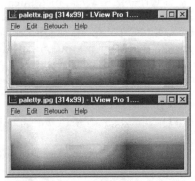

Figure 7.18 : L'image du haut (basse qualité) occupe près de quatre fois moins de place que celle du bas (haute qualité).

On peut encore alléger la taille d'un fichier en diminuant le nombre de couleurs, mais réduire de 256 à 128 ce nombre n'aura généralement qu'une influence marginale par rapport au choix entre 16 millions et 256. Cependant, pour des dessins linéaires faisant intervenir peu de couleurs, l'économie peut s'avérer substantielle.

Il ne faut pas oublier qu'avec un débit de 28 800 bps la vitesse de chargement d'une image est, au mieux, de l'ordre de 3 Ko par seconde. Or, une image GIF de taille moyenne (427 x 91) en 256 couleurs occupe environ 70 Ko (la taille réelle dépend en grande partie de ce que représente l'image et non pas seulement de sa taille et du nombre de couleurs utilisées). Elle demandera donc, *dans les meilleures conditions*, plus de 20 secondes avant d'être entièrement chargée. Lorsqu'une présentation est centrée sur l'imagerie (une visite dans un musée ou une promenade touristique, par exemple), il ne faut surtout pas charger d'office toutes les images de la page mais proposer au visiteur des *vignettes*, sortes de réductions de la véritable image à une dimension à peine supérieure à celle d'un timbre-poste. En cliquant sur celle qu'il veut voir, le visiteur pourra alors l'afficher en vraie grandeur. La Figure 7.19 montre le "coin photos" de la présentation élaborée par la Fédération française de vol à voile. En cliquant sur la vignette de droite des trois images prises à Sidéron, on obtient l'affichage reproduit sur la Figure 7.20.

Voici le type d'instruction à utiliser pour obtenir cet effet :

```
S&eacute;ron <A HREF="sederon.gif"><IMG SRC"sedemini.gif"></A>
```

`sederon.mini` est le fichier image de la vignette et `sederon.gif`, celui de l'image en vraie grandeur.

Adresses utiles

- ■ Cpic (CompuPic) : `http://www.photodex.com/products.html`

- ■ LView Pro : `http://www.lview.com`

- ■ Gif Construction Set : `http://www.mindworkshop.com`

- ■ MapEdit : `http://boutell.com/mapmedit`

Figure 7.19 : Une page de vignettes.

**Figure 7.20 : En cliquant sur une des vignettes,
l'image s'affiche en vraie grandeur.**

- MapThis : http://www.ecaetc.ohio-state.edu/tc/mt

- Palette à 216 couleurs : http://www.microsoft.com/workshop:

- Collection de lettres ornées : http://arthole.com/inicaps/

- Boutons, séparateurs, icônes... : http://urwel.com/webweavers/

- Icônes et images gratuites : http://www.geocities.com/SiliconValley/Lakes/6895/

- Anti-aliasing et transparence : http://www.lunaloca.com/tutorials/alnialiasing/

- Collection d'images GIF animées : http://www.vr-mall.com/anigifpd/banigifpd.html

- Les images d'EERIE (France) : http://www.eerie.fr/Pics/

- De nombreuses textures : http://www.home.ch/ex/textures/index.html

- Bibliothèque d'icônes : http://www.cit.gu.edu.au/anthony/icons/index.html

- Les clips de Barry : http://:www.barrysclipart.com

- L'univers des clips arts : http://nzwwa.com/mirror/clipart/index.html

- Encore des icônes : http://www.pitt.edu/~slcst/icon.html

CHAPITRE 8

Les tableaux

Avant la création du conteneur `<TABLE>` ... `</TABLE>`, on devait recourir au conteneur `<PRE>` ... `</PRE>` pour afficher des états tabulés avec des colonnes bien alignées verticalement. On s'est très vite aperçu que ce conteneur permettait de faire bien d'autres choses. C'est maintenant devenu un auxiliaire indispensable de tous les auteurs Web soucieux de réaliser, malgré les pauvres moyens que leur offre HTML, une mise en page soignée. Malheureusement, bien que cette innovation ne soit pas des plus récentes, il subsiste de nombreuses différences d'interprétation entre les différents navigateurs. Nous en donnerons plusieurs exemples.

Les tableaux réguliers

Les tableaux sont définis ligne par ligne, du haut vers le bas, et cellule par cellule, de la gauche vers la droite, à l'intérieur d'une ligne. Il existe trois balises indispensables à leur création, auxquelles on peut en ajouter deux autres, simples mais non essentielles. Aucune règle d'homogénéité n'est imposée : les cellules peuvent contenir des éléments très différents : texte, images, multimédia, appels de lien, autres tableaux, etc. Nous allons commencer par voir comment on construit des tableaux simples où toutes les cellules, quel que soit leur contenu, sont alignées dans les deux sens.

<TABLE>

Tout tableau doit se trouver entièrement dans un conteneur `<TABLE>` ... `<TABLE>` qui peut contenir les attributs suivants :

■ `ALIGN` spécifie le centrage horizontal du tableau. Admet les valeurs `left` (à gauche), `center` (centré) ou `right` (à droite).

■ BORDER spécifie l'épaisseur de la bordure, exprimée en pixels. Par défaut, les tableaux n'ont pas de bordure.

■ WIDTH indique la largeur occupée par le tableau dans la fenêtre du navigateur. Cette valeur peut être exprimée en pixels ou en pourcentage de la largeur de la fenêtre du navigateur. Elle est alors suivie du caractère de pourcentage (%).

■ CELLPADDING donne la valeur, exprimée en pixels, de la marge intérieure d'une cellule.

■ CELLSPACING donne la valeur, exprimée en pixels, de la marge entre deux cellules consécutives.

> Lorsqu'un tableau ne s'affiche pas comme on l'avait prévu, le plus simple, pour voir ce qui ne va pas, est de donner au paramètre BORDER la valeur 1. Le dessin des cases qui apparaît alors renseigne sur l'existence de cases vides ou mal placées.

<TR>

Ce conteneur renferme les éléments descriptifs d'une ligne. Il admet les attributs suivants :

■ ALIGN spécifie le centrage horizontal des éléments de la ligne. Peut prendre les valeurs left (à gauche), center (centré) ou right (à droite).

■ VALIGN spécifie le centrage vertical des éléments de la ligne. Peut prendre les valeurs top (en haut), middle (au milieu), bottom (en bas) ou baseline (sur la ligne de base).

<TD>

Ce conteneur renferme le contenu d'une cellule, c'est-à-dire pratiquement n'importe quoi : texte, image, élément multimédia, tableau, etc. Il admet les attributs suivants :

- ALIGN spécifie le centrage horizontal du contenu de la cellule. Peut prendre les valeurs left (à gauche), center (centré) ou right (à droite).

- VALIGN spécifie le centrage vertical du contenu de la cellule. Peut prendre les valeurs top (en haut), middle (au milieu), bottom (en bas) ou baseline (sur la ligne de base).

- COLSPAN spécifie le nombre de cellules d'extension vers la droite.

- ROWSPAN spécifie le nombre de cellules d'extension vers le bas.

- WIDTH spécifie la largeur de la cellule.

- HEIGHT spécifie la hauteur de la cellule.

- BGCOLOR : spécifie la couleur de fond de la cellule.

- NOWRAP spécifie qu'il n'y a pas de rupture de ligne automatique dans cette cellule.

<TH>

Ce conteneur joue le même rôle que <TD> et accepte les mêmes attributs mais il est plus spécifiquement prévu pour les titres de colonnes. Ceux-ci sont automatiquement affichés en gras et centrés.

> Le marqueur terminal des conteneurs <TR>, <TD> et <TH> n'est pas obligatoire (voir le Listing 8.9). Mieux vaut toutefois ne pas l'oublier car certains navigateurs formalistes pourraient ne pas s'en accommoder.

<CAPTION>

Ce conteneur sert à afficher un titre général pour le tableau. Il admet l'attribut ALIGN qui peut prendre les valeurs top ou bottom, selon que l'on veut que le titre soit affiché au-dessus ou au-dessous du tableau. Le titre est toujours centré.

Cas de l'attribut HEIGHT

La définition officielle de la spécification HTML 3.2 pour le conteneur <TABLE> (*W3C Recommendation,* 14.1.1997) est la suivante :

```
<!ATTLIST table

   align       %Where;     #IMPLIED
   width       %Length     #IMPLIED
   border      %Pixels     #IMPLIED
   cellspacing %Pixels     #IMPLIED
   cellpadding %Pixels     #IMPLIED
>
```

(Les commentaires en bout de ligne ont été coupés pour que chaque attribut tienne sur une ligne.) On y remarque clairement l'absence de l'attribut HEIGHT, qui est cependant admis pour <TH> et <TD>. Et pourtant, Netscape Navigator et Internet Explorer le reconnaissent parfaitement. Ainsi d'ailleurs que dans <TR>, bien que, là encore, cela ne figure pas dans ce document de référence. L'exemple du Listing 8.1, illustré par la Figure 8.1, en donne la preuve.

```
<HTML>
<HEAD>
<TITLE>Hauteur d'une cellule</TITLE>
</HEAD>
<BODY>
<CENTER><H1>Le param&egrave;tre HEIGHT</H1></CENTER>
<TABLE BORDER=1 CELLSPACING=20>
<TR><TD>

<TABLE BORDER=1 CELLPADDING=0 CELLSPACING=5  HEIGHT=280>
<CAPTION ALIGN=top>Hauteur d'une cellule</CAPTION>
<TR BGCOLOR="black" ALIGN="center">
<TD WIDTH=120 HEIGHT=20><FONT  COLOR="white">Cellule x</TD></FONT>
<TD WIDTH=120><FONT  COLOR="yellow">Cellule x</TD></FONT>
</TR>
<TR bgcolor="lightblue" ALIGN="right">
<TD WIDTH=120>Cellule x</TD>
<TD WIDTH=120 HEIGHT=60>Cellule x</TD>
+</TR>
<TR BGCOLOR="blanchedalmond">
<TD WIDTH=120 HEIGHT=20>Cellule x</TD>
<TD WIDTH=120 HEIGHT=60>Cellule x</TD>
</TR>
</TABLE>

</TD><TD VALIGN="top">
<TABLE BORDER=1 CELLPADDING=0 CELLSPACING=5>
<CAPTION ALIGN=top>Hauteur d'une cellule</CAPTION>
<TR BGCOLOR="black" ALIGN="center">
<TD WIDTH=120 HEIGHT=20><FONT  COLOR="white">Cellule x</TD></FONT>
<TD WIDTH=120><FONT  COLOR="yellow">Cellule x</TD></FONT>
</TR>
<TR bgcolor="lightblue" ALIGN="right">
<TD WIDTH=120>Cellule x</TD>
<TD WIDTH=120 HEIGHT=60>Cellule x</TD>
</TR>
```

```
<TR BGCOLOR="blanchedalmond">
<TD WIDTH=120 HEIGHT=20>Cellule x</TD>
<TD WIDTH=120 HEIGHT=60>Cellule x</TD>
</TR>
</TABLE>

</TD></TR>
</TABLE>
</BODY>
</HTML>
```

Listing 8.1.

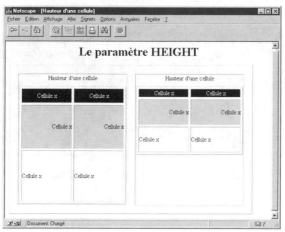

Figure 8.1 : L'attribut HEIGHT dans un tableau.

Nous ne pouvons honnêtement pas conseiller d'utiliser cet attribut puisqu'il ne figure pas dans le document officiel. Néanmoins, à partir du moment où Netscape Navigator et Internet Explorer le reconnaissent et l'interprètent correctement sur une plate-forme Windows, pourquoi s'en priver puisque l'on couvre ainsi près de 90 % des internautes ?

ATTENTION

> Comme on peut le voir, Netscape Navigator ne maîtrise pas correctement l'alignement du texte à droite. Internet Explorer ne commet pas cette erreur.

Le cas des cellules vides

L'espace insécable,   joue un grand rôle dans l'écriture des tableaux. La Figure 8.2 présente l'affichage réalisé par quatre navigateurs différents : Internet Explorer, Netscape Navigator, Opera et Mosaic, à partir de deux tableaux très simples dans lesquels chaque cellule est décrite d'abord avec, puis, sans espace insécable.

ATTENTION

> Comme on peut le voir sur ce très simple exemple, chaque navigateur a son idée personnelle de la façon dont il doit représenter les bordures.

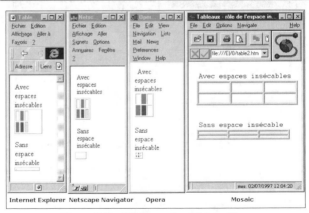

**Figure 8.2 : Affichage de cellules vides,
avec ou sans espaces insécables.**

Avec espaces insécables

```
<TD BGCOLOR="blue"> </TD>
```

Seuls Internet Explorer et Netscape Navigator affichent des dimensions de cellules identiques au pixel près pour le tableau qui utilise des espaces insécables. Malheureusement, Internet Explorer voulant que le tableau ait au moins la largeur du plus long des trois mots du titre étend abusivement son extrémité droite. Opera, navigateur norvégien, sans doute habitué aux grands espaces, voit plus loin et affiche des cellules un peu plus larges. Quant au vieux Mosaic, non seulement il ne reconnaît pas l'attribut BGCOLOR, mais encore il étend la largeur du tableau suffisamment pour que son titre tienne sur une seule ligne. Si on supprime la commande <CAPTION>, l'affichage qu'il réalise est comparable à celui effectué par les trois autres compères.

Sans espace insécable

```
<TD BGCOLOR="blue"></TD>
```

Internet Explorer allonge toujours à tort la largeur du tableau et, en prenant une loupe, on distingue, à gauche, quelques pixels colorés qui représentent sans doute les cellules. Les bordures intérieures ont disparu. Netscape Navigator ne se fatigue pas et n'affiche rien du tout, à part un cadre dont les dimensions hors tout semblent sorties d'un chapeau. Opera réduit les dimensions globales du tableau mais il est plus généreux que Internet Explorer dans l'espace alloué aux cellules, dont les séparations sont affichées. Enfin, Mosaic a rétréci l'ensemble de façon homogène.

Quelques exemples

La Figure 8.3 présente quelques exemples de tableau correspondant aux commandes du Listing 8.2

```
<TABLE BORDER=0 WIDTH=300>
<CAPTION ALIGN=top>Border=0</CAPTION>
<TR>
<TD BGCOLOR="yellow"> </TD>
<TD BGCOLOR="red"> </TD>
<TD BGCOLOR="yellow"> </TD>
</TR>
<TR><TD BGCOLOR="red"> </TD>
<TD BGCOLOR="blue"> </TD>
<TD BGCOLOR="peachpuff"> </TD>
</TR>
</TABLE>
<P>

<TABLE WIDTH=300>
<CAPTION ALIGN=top>Aucun attribut border</CAPTION>
<TR>
<TD BGCOLOR="yellow"> </TD>
<TD BGCOLOR="red"> </TD>
<TD BGCOLOR="yellow"> </TD>
</TR>
<TR><TD BGCOLOR="red"> </TD>
<TD BGCOLOR="blue"> </TD>
<TD BGCOLOR="peachpuff"> </TD>
</TR>
</TABLE>
<P>

<TABLE BORDER WIDTH=300 CELLSPACING=10>
```

```
<CAPTION ALIGN="top"><FONT SIZE=-1>BORDER OU BORDER=1 CELLSPACING=10</
FONT></CAPTION>
<TR><TH>Colonne 1</TH><TH>Colonne 2</TH><TH>Colonne 3</TH></TR>
<TR>
<TD BGCOLOR="yellow">Cellule 1</TD>
<TD BGCOLOR="red">Cellule 2</TD>
<TD BGCOLOR="yellow">Cellule 3</TD>
</TR>
<TR><TD BGCOLOR="red"> </TD>
<TD BGCOLOR="blue"> </TD>
<TD BGCOLOR="peachpuff"> </TD>
</TR>
</TABLE>
<P>


<TABLE BORDER=5 CELLPADDING=0>
<CAPTION ALIGN=top><FONT SIZE=-2>BORDER=5 CELLPADDING=0</SIZE></CAPTION>
<TR><TH>Colonne 1</TH><TH>Colonne 2</TH><TH>Colonne 3</TH></TR>
<TR>
<TD BGCOLOR="yellow">Cellule A</TD>
<TD BGCOLOR="red">Cellule B</TD>
<TD BGCOLOR="yellow">Cellule C</TD>
</TR>
<TR><TD BGCOLOR="red"> </TD>
<TD BGCOLOR="blue"> </TD>
<TD BGCOLOR="peachpuff"> </TD>
</TR>
</TABLE>
```

Listing 8.2.

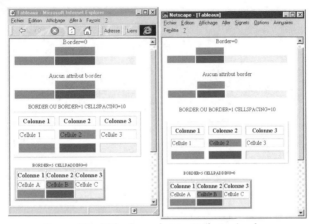

Figure 8.3 : Rôle de quelques attributs simples.

Ici, le fait d'avoir placé du texte dans les cellules arrange bien les choses. On remarquera néanmoins que Netscape Navigator interprète différemment BORDER et BORDER=1, qui normalement ont le même sens. En outre, il intercale un espace vertical plus grand que ne le fait Internet Explorer entre le titre (<CAPTION>) et le tableau lui-même. A part ces petits détails, le reste est très homogène. Les deux derniers exemples montrent l'influence du paramètre WIDTH. A ce propos, il faut insister sur le fait que la valeur ainsi définie est une *valeur minimale.* Si le contenu des cellules est tel que le tableau ne pourra pas être affiché correctement, sa largeur hors tout réelle sera supérieure, comme le montre la Figure 8.4.

Marges internes et externes des cellules

Nous avons vu que le conteneur <TABLE> reconnaissait deux paramètres, CELLPADING et CELLSPACING, relatifs aux marges intérieures et extérieures des cellules. La Figure 8.5 montre quel est le rôle de chacun d'eux.

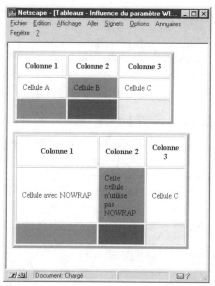

**Figure 8.4 : En cas de nécessité, le navigateur augmente
la largeur définie par WIDTH.**

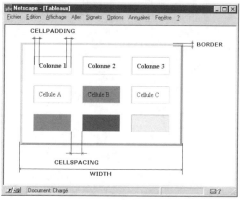

Figure 8.5 : Principaux attributs de contrôle d'un tableau.

Les tableaux non réguliers _____

Dans un tableau, toutes les cellules d'une ligne ont la même hauteur. De même, toutes les cellules d'une colonne ont la même largeur. Mais deux colonnes (deux lignes) peuvent être de largeur (de hauteur) différente.

Extension des cellules

Ce qui permet aux tableaux de jouer un rôle important dans la mise en page, c'est la possibilité d'étendre une cellule quelconque vers la droite et/ou vers le bas. A cet effet, on utilise les attributs COLSPAN et ROWSPAN (COL est un raccourci pour *column* - colonne - et ROW signifie ligne, rangée). Le Listing 8.3 montre de quelle façon on les utilise.

```
<TABLE BORDER=1 CELLSPACING="10" CELLPADDING="5" WIDTH="400">
<TR>
 <TH NOWRAP>Colonne 1</TH>
 <TH>Colonne 2</TH>
 <TH>Colonne 3</TH>
 <TH>Colonne 4</TH>
</TR>
<TR>
 <TD COLSPAN=2>Ici, j'ai besoin d'espace</TD>
 <TD NOWRAP>Cellule normale</TD>
 <TD ROWSPAN=3 ALIGN="CENTER" VALIGN="middle">
   <FONT SIZE=+1>Ici, j'ai besoin de pas mal de hauteur</FONT>
   <IMG SRC="pbutn10.gif"></TD>
</TR>
<TR>
 <TD></TD>
 <TD></TD>
 <TD></TD>
</TR>
```

```
<TR>
 <TD></TD>
 <TD></TD>
 <TD></TD>
</TR>
</TABLE>
```

Listing 8.3 : Elargissement de cellules dans les deux sens.

On doit tenir compte dans la description des lignes du tableau des cellules éventuellement "mangées" par des attributs précédents d'extension en ligne ou en colonne. Par
exemple, dans les lignes 3 et 4, la dernière cellule est déjà
occupée par l'extension verticale de la dernière cellule de la
deuxième ligne. La Figure 8.6 montre comment se présente
le tableau du Listing 8.3. On voit le grand trou causé par
l'absence d'espace insécable dans les lignes 2 et 4. Le tableau du dessous est le même, mais les six cellules des deux
dernières lignes contiennent un espace insécable.

Figure 8.6 : Tableaux avec cellules agrandies.

On peut faire plusieurs remarques à propos de cette figure :

■ L'absence de l'attribut NOWRAP dans la deuxième cellule de la ligne ⟨TH⟩ entraîne le rejet du chiffre 2 à la ligne inférieure.

■ La présence de l'attribut NOWRAP dans une cellule quelconque d'une colonne a une influence sur le contenu des autres cellules de cette colonne. Ainsi, NOWRAP, présent dans la troisième cellule de la deuxième ligne, empêche le rejet du chiffre 3 à la ligne inférieure du titre de la colonne.

■ On a placé du texte et une image dans la grande cellule de la colonne 4 et ils ont été centrés en hauteur grâce à l'attribut VALIGN="middle".

Un tableau dans un tableau

Comme nous l'avons dit plus haut, un tableau peut en contenir un autre, et ce, à une profondeur qui n'est limitée que par la place disponible pour l'affichage sur l'écran. En réalité, on ne dépasse pratiquement jamais une profondeur de 2. Le Listing 8.4 montre un exemple illustré par la Figure 8.7.

```
<TABLE BORDER=1 CELLSPACING="10" CELLPADDING="5" WIDTH="400">
 <TR>
 <TH NOWRAP>Colonne 1</TH>
 <TH>Colonne 2</TH>
 <TH>Colonne 3</TH>
 <TH>Colonne 4</TH>
 </TR>
 <TR>
 <TD COLSPAN=2>Ici, j'ai besoin d'espace</TD>
 <TD NOWRAP>Cellule normale</TD>
```

```
<TD ROWSPAN=3 ALIGN="CENTER" VALIGN="middle"><FONT  SIZE=+1>
   Ici, j'ai besoin de pas mal de hauteur</FONT>
   <IMG SRC="pbutn10.gif">
</TD>
</TR>
<TR>
 <TD COLSPAN=2>

  <TABLE BORDER=1 CELLSPACING="1" CELLPADDING="2">
   <TR>
    <TH NOWRAP>C 1</TH>
    <TH>C 2</TH>
    <TH>C 3</TH>
   </TR>
   <TR>
   <TD> </TD>
   <TD COLSPAN=2 ALIGN="right">Je respire !
      <IMG SRC="pbutn10.gif"></TD>
    <TR>
    <TD> </TD>
    <TD> </TD>
    <TD> </TD>
   </TR>
  </TABLE>

 </TD>
 <TD VALIGN="middle" ALIGN="center">
   <IMG SRC="pball5.gif" HEIGHT="70"></TD>
</TR>
</TABLE>
```

Listing 8.4 : Tableau dans un tableau.

Figure 8.7 : Comment se présente un tableau dans un tableau.

Les indentations du Listing 8.4 aident à comprendre à quoi se réfèrent les commandes. C'est dans des cas comme celui-ci qu'on apprécie les éditeurs HTML spécialisés. Si on opère "à la main", le risque est grand de se tromper dans la fermeture d'une balise. En général, il en résultera un affichage incohérent. A la limite, rien ne s'affichera.

Les tableaux et les images

Nous allons voir maintenant quelques exemples d'applications de tableaux pour réaliser des mises en page élaborées contenant beaucoup d'images.

Une image en marge du texte

Il faut résister à l'envie de "bourrer" une page en y plaçant le maximum de choses, car cela rend l'ensemble touffu et rebute le visiteur. En ménageant de l'espace, on donne une impression de légèreté et on peut, à peu de frais, réaliser des mises en page inhabituelles, comme le montre la Figure 8.8.

On y parvient avec une structure de tableau simple dont
l'essentiel est reproduit sur le Listing 8.5. C'est le même
procédé que celui que nous avions utilisé au Chapitre 5 pour
réaliser une lettrine en retrait du texte.

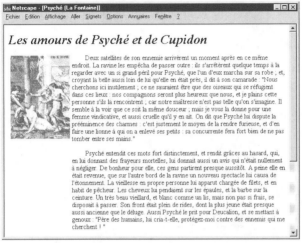

Figure 8.8 : Mise en page assez aérée.

```
<IMG SRC="psyche.gif" ALIGN=LEFT HSPACE=4 VSPACE=3>
<TABLE border=0 CELLPADDING=0 CELLSPACING=0>
 <TR>
  <TD VALIGN="top">
   <SPACER SIZE="30">
   Deux satellites de son ennemie arrivèrent un moment après
   [...]
   savait faire autre chose que de tromper les poissons :
  </TD>
 </TR>
</TABLE>
```

Listing 8.5 : Juxtaposition d'une image et d'un tableau.

Toute l'astuce consiste à placer l'image et le texte dans deux cellules voisines. Si on s'était contenté d'un texte sans tableau et du paramètre ALIGN="left" pour l'image, le texte serait revenu à la marge de gauche, une fois atteint le bas de l'image. Les paramètres d'alignement de l'image servent à placer correctement son bord supérieur par rapport au texte.

Trois colonnes à la une

Au Chapitre 5, nous avons vu que Netscape Navigator était seul à proposer la balise <MULTICOL> pour réaliser une mise en page en colonnes. Nous allons voir qu'il est possible de faire de même, bien qu'au prix d'une plus grande complexité, avec un tableau. Le Listing 8.6 donne des extraits du document HTML dont le résultat, affiché par Netscape Navigator, est présenté sur la Figure 8.9.

```
<TABLE border=0 CELLPADDING=8 CELLSPACING=0>
<TR>
<TD VALIGN="top" WIDTH=200>
<SPACER SIZE="30">
Deux satellites de son ennemie arrivèrent un moment après en ce

    [...]

</TD><TD WIDTH=200>
<SPACER SIZE="30">Psyché entendit ces mots fort distinctement, et

    [..]

bonheur pour elle, ces gens partirent presque aussitôt.
<IMG SRC="psyche.gif" ALIGN=LEFT HSPACE="10" VSPACE="3"
     WIDTH="180">
<BR CLEAR="all">
A peine elle en était revenue, que sur l'autre bord de la ravine
```

```
    [...]

</TD>
</TR>
<TR>
<TD COLSPAN=3>
<P ALIGN="right"><I>Jean de La Fontaine</I></P>
<HR>
</TD>
</TR>
</TABLE>
```

Listing 8.6 : Trois colonnes à la une.

**Figure 8.9 : Exemple de mise en page texte
sur trois colonnes avec un tableau.**

Nous devons reconnaître que cette mise en page n'est satisfaisante qu'avec Netscape. Avec Internet Explorer, par exemple, la valeur des interlignes étant différente, elle est totalement déséquilibrée. Il faut donc regarder cela comme un
exercice de style sans lendemain et ne pas chercher à l'imi-
ter. Les feuilles de style - dont on nous promet depuis longtemps l'arrivée pour bientôt - devraient rendre cette mise
en page à la fois plus efficace et plus facile.

La liste de définitions revisitée

Nous avons vu au Chapitre 3 que, dans une liste de définitions, la définition s'affichait à la ligne au-dessous de celle
du terme à définir. Pour les aligner, il suffit de recourir à un
tableau, comme le montre le Listing 8.7 dont le résultat est
illustré par la Figure 8.10.

```
<TABLE CELLPADDING=0 CELLSPACING=10>
 <TR>
  <TD VALIGN="top"><IMG SRC="aladin.gif"></TD>
  <TD>Lampe merveilleuse gr&acirc;ce &agrave; laquelle Aladin
     pouvait, en la frottant, obtenir la r&eacute;alisation d'un
     voeu.</TD>
 </TR>
 <TR>
  <TD VALIGN="top"><IMG SRC="avion.gif"></TD>
  <TD>Syst&egrave;me de transport invent&eacute; au d&eacute;but
     du si&egrave;cle simultan&eacute;ment en France, aux Etats-
     Unis et en Russie (par Popov, bien s&ucirc;r, dans ce
     pays).</TD>
 </TR>
  <TR><TD VALIGN="top"><IMG SRC="bombe.gif"></TD>
  <TD>Engin destructeur principalement utilis&eacute; par des gens
     soucieux de diminuer la surpopulation de la Terre. Davantage
     pris&eacute;e lorsqu'elle est glac&eacute;e.</TD>
 </TR>
```

```
<TR>
 <TD VALIGN="top"><IMG SRC="bug.gif"></TD>
 <TD>Petit animal redout&eacute; des programmeurs en raison de
     son &eacute;tonnante facult&eacute; &agrave; se dissimuler,
     voire &agrave; entrer en sommeil, pour agir au
     momento&ugrave; on s'y attend pas.</TD>
</TR>
<TR>
 <TD VALIGN="top"><IMG SRC="fleur.gif"></TD>
 <TD>Sp&eacute;cimen de la flore utilis&eacute;, dans les pays
     civilis&eacute;s, &agrave; des fins tr&egrave;s diverses :
     naissance, mariage, enterrement. Celle du nave comporte une
     certaine connotation p&eacute;jorative.</TD></TR>
</TABLE>
```

Listing 8.7 : Autre façon de réaliser une liste de définitions.

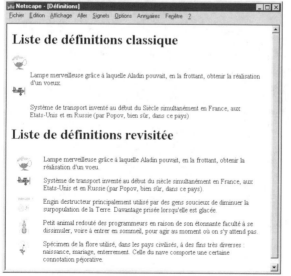

Figure 8.10 : Liste de définition bien alignée horizontalement.

Liste de définitions améliorée

On peut profiter d'un tableau pour améliorer graphiquement la présentation d'une liste de type classique. Le Listing 8.8 montre comment on peut y parvenir, et la Figure 8.11 présente le résultat obtenu.

```html
<HTML>
<HEAD>
<TITLE>S&eacute;parateurs verticaux</TITLE>
</HEAD>
<BODY>

<TABLE CELLPADDING=0 CELLSPACING=0 BORDER=0>
<CAPTION ALIGN=top><FONT SIZE=5>
  <B>Mots rares et pr&eacute;cieux</B>
  </FONT></CAPTION>
 <TR><TD COLSPAN=3><HR></TD></TR>
 <TR>
  <TD ALIGN="right"><B>Inlet</B></TD>
  <TD><IMG SRC="barre.gif" HEIGHT="20" WIDTH="14"></TD>
  <TD>Entr&eacute;e d'un bras de mer dans les terres</TD>
 </TR>
 <TR>
  <TD ALIGN="right"><B>Insculper</B></TD>
  <TD><IMG SRC="barre.gif" HEIGHT="20" WIDTH="14"></TD>
  <TD>Graver en frappant avec un poin&ccedil;on</TD>
 </TR>
 <TR>
  <TD ALIGN="right"><B>Intorsion</B></TD>
  <TD><IMG SRC="barre.gif" HEIGHT="20" WIDTH="14"></TD>
  <TD>Enroulement en direction du dedans</TD>
 </TR>
 <TR>
  <TD ALIGN="right"><B>Invisquer</B></TD>
  <TD><IMG SRC="barre.gif" HEIGHT="20" WIDTH="14"></TD>
  <TD>Rendre visqueux et gluant</TD>
```

```
</TR>
<TR>
 <TD ALIGN="right"><B>Jabler</B></TD>
 <TD><IMG SRC="barre.gif" HEIGHT="20" WIDTH="14"></TD>
 <TD>Faire le jable des douves</TD>
</TR>
 <TR><TD COLSPAN=3><HR></TD></TR>
</TABLE>

</BODY>
</HTML>
```

Listing 8.8 : Autre façon de réaliser une liste de définitions.

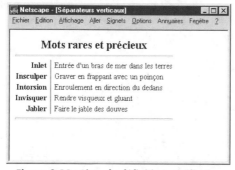

Figure 8.11 : Liste de définition améliorée.

La présence d'une barre de séparation n'est pas nécessaire, mais elle met un peu de fantaisie dans la préparation. Cette barre est constituée d'une image de 1 pixel de haut sur 14 de large, qui est étendue grâce aux paramètres HEIGHT et WIDTH du conteneur <IMG>. On économise ainsi le transfert d'une poignée d'octets.

Application aux images GIF animées

Lorsque nous avons étudié les images GIF animées, nous avons signalé que les fichiers obtenus pouvaient avoir une taille importante. Il existe une ruse pour diminuer leur encombrement lorsque la partie variable de l'image n'en occupe qu'une surface bien déterminée. Elle consiste à découper l'image en plusieurs parties de façon à isoler un rectangle contenant la partie variable. C'est uniquement ce rectangle qui constituera le fichier d'animation. L'ensemble de l'image est alors recomposé au moyen d'un tableau dans lequel `CELLPADING` et `CELLSPACING` sont tous deux nuls. La Figure 8.12 illustre un exemple particulièrement simple dans lequel on a forcé l'affichage des bordures pour mieux mettre en évidence le découpage. Le détail du programme se trouve sur le Listing 8.9.

```
<HTML>
<HEAD>
<TITLE>Robinet</TITLE>
</HEAD>
<BODY>
<DIV ALIGN="center">
<H1>Fuite d'eau</H1>
<TABLE CELLPADDING="0" BORDER="0">
<TR><TD VALIGN="bottom" COLSPAN=2><IMG SRC="robinet.gif">
<TR><TD WIDTH="280">
<TD WIDTH="30"><IMG SRC="gouttes.gif">
<TR>
<TD COLSPAN="2" VALIGN="top" HEIGHT=5 BGCOLOR="LIGHTBLUE">
</TABLE>
</BODY>
</HTML>
```

Listing 8.9 : Décomposition d'une scène en images fixes et une image GIF animée.

Figure 8.12 : Un robinet qui fuit.

Chaque image faisant partie de l'animation représente une goutte à un moment de sa chute depuis le robinet. L'avant-dernière ne montre que sa partie supérieure car elle s'est déjà écrasée dans la cuvette et la dernière ne contient que du blanc. Elles ont toutes un format égal à 15 x 200 pixels et il y en a 10. La Figure 8.13 montre comment elles se présentent (les séparations entre chaque image ont été rajoutées pour bien les distinguer les unes des autres).

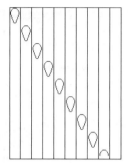

Figure 8.13 : Images individuelles constituant l'image animée.

Un menu de liens graphique

Nous allons retrouver notre Amicale du vistemboir à l'occasion de la présentation de deux menus de liens améliorés.

Première version

Le premier vous est présenté sur la Figure 8.14. Cette page d'accueil est réalisée au moyen du Listing 8.10, que nous allons commenter.

```
<HTML>
<HEAD>
<TITLE>L'Amicale des collectionneurs de vistemboirs</TITLE>
</HEAD>
<BODY BGCOLOR="white" BACKGROUND="marbru.jpg" LINK="yellow">

<TABLE BORDER="0" WIDTH="650" CELLPADDING="0" CELLSPACING="0">
<TR><TD VALIGN="top" WIDTH="148" ROWSPAN="2">
    <IMG SRC="visa.gif">
    <TD VALIGN="top"><IMG SRC="temboirs.gif">

<TD VALIGN="top">
<BLOCKQUOTE>
```

```
<center><FONT SIZE="4" COLOR="crimson"" FACE="cursive-elegant">

<I>L'Amicale des collectionneurs de vistemboirs</I>
 <BR> vous propose de découvrir ces curieux appareils.</FONT>
<P>
<IMG SRC="notes.gif"></center>
<BLOCKQUOTE>

<TR VALIGN="top">
<TD BGCOLOR="slateblue" ALIGN="center">
 <A HREF="origine.htm">
 <FONT FACE="courier new", "courier" SIZE=5 COLOR="white">
 <B>Origine</B></FONT></A>
<TD>
 <BLOCKQUOTE>Les origines du vistemboir depuis son invention au
 XVI siècle jusqu'à nos jours. Les différents inventeurs qui
 l'ont perfectionné.<BR> 
 </BLOCKQUOTE>

<TR VALIGN="top">
<TD ALIGN="center" BGCOLOR="slateblue">
 <A HREF="marche.htm">
 <FONT FACE="courier new", "courier" SIZE=5 COLOR="white">
 <B>March&eacute;</B></FONT></A>
<TD>
 <BLOCKQUOTE>O&ugrave; trouver un vistemboir ? Marché du neuf et
 de l'occasion. Bonnes adresses. Points à surveiller
 particulièrement lors de l'achat.<BR> 
 </BLOCKQUOTE>

<TR VALIGN="top">
<TD ALIGN="center" BGCOLOR="slateblue">
 <A HREF="vistem.htm">
 <FONT FACE="courier new", "courier" SIZE=5 COLOR="white">
 <B>Usage</B></FONT></A>
<TD>
```

```
<BLOCKQUOTE>Ce qu'on peut faire avec un vistemboir. Quels sont
les dangers que peut entraîner une manipulation inconsidérée ou
imprudente. La meilleure façon d'en tirer profit.<BR> 
</BLOCKQUOTE>

<TR VALIGN="top">
<TD ALIGN="center" BGCOLOR="slateblue">
 <A HREF="autres.htm">
 <FONT FACE="courier new", "courier" SIZE=5 COLOR="white">
 <B>Autres</B></FONT></A>
<TD>
 <BLOCKQUOTE>Où trouver d'autres pages Web traitant du
 vistemboir. Ce qu'elles ont de spécifique. Les domaines
 qu'elles traitent particulièrement. Leur qualité
 intrinsèque.<BR> 
 </BLOCKQUOTE>

</TABLE>
</BODY>
</HTML>
```

Listing 8.10 : Un menu de liens construit à l'aide d'un tableau.

ATTENTION

Pour améliorer la lisibilité de ce listing, les caractères accentués ont été représentés tels quels. Mais il va sans dire que dans le fichier HTML ils doivent être représentés par des entités.

L'ensemble de cette page est contenu dans un tableau à deux colonnes, celle de gauche présentant le menu de liens dans lequel cliquera le visiteur ; celle de droite fournissant quelques explications sur les pages ainsi appelées. Hormis le titre principal ("Vistemboirs") et la barre de séparation avec des notes de musique, tout le reste est du texte.

Figure 8.14 : Un menu de liens graphique.

Le titre graphique "Vistemboir" est composé de deux images accolées verticalement afin de réaliser un effet négatif/ positif. La couleur (blanc) utilisée pour les lettres a été définie comme valeur de transparence. Le fond des images est d'un bleu particulier, appelé *slate blue*. La police Courier new (ou Courier) a été choisie pour les appels de liens parce que c'est une police native de Windows et qu'on est sûr, de cette façon, qu'elle sera présente dans tous les systèmes Windows quelle que soit leur version. Et comme cela représente plus de 90 % des matériels installés, on s'assure ainsi d'être perçu correctement par un large public. La taille choisie met bien en évidence le mot écrit et, comme c'est un appel de lien, il est souligné. Ici, on constate une différence d'interprétation entre Netscape Navigator et Internet Explorer. Pour le premier, la couleur du texte spécifiée dans :

```
<FONT FACE="courier new", "courier" SIZE=5 COLOR="white">
```

a priorité sur la couleur par défaut des appels de liens, alors que Internet Explorer n'en tient pas compte. Du coup, il est nécessaire d'imposer une couleur d'appels de liens. Nous avons choisi le jaune, de crainte que d'autres appels de liens, dans la même page, ne soient pas assez visibles en blanc sur fond marbré :

```
<BODY BGCOLOR="white" BACKGROUND="marbru.jpg" LINK="yellow">
```

Ainsi, le menu de liens sera affiché en jaune avec Internet Explorer et en blanc avec Netscape Navigator. Les commandes d'alignement placent le texte en haut des cellules et l'espacement entre celles-ci a été fixé à zéro pour qu'il n'y ait pas de solution de continuité dans la barre verticale à gauche. Pour que les textes d'explication ne soient pas trop près les uns des autres, on a ajouté un interligne à la fin de chaque paragraphe avec un espace insécable :

```
<BR> 
```

Seconde version

Cette fois nous allons mettre en oeuvre l'expansion des lignes et des colonnes. Chaque appel de lien est constitué par une image rectangulaire en forme de bouton de 106 x 34 pixels. Pour obtenir un effet de décalage vertical alterné d'un appel de lien à l'autre, nous allons utiliser trois colonnes et placer nos boutons dans les deux premières cellules puis, à la ligne suivante, dans les cellules 2 et 3, puis à nouveau, dans les cellules 1 et 2 et ainsi de suite. La Figure 8.15 montre comment se présente la page d'accueil. Dans le listing du document HTML reproduit ci-dessous, les adresses des pages qui correspondent aux appels de lien devront être complétées.

```
<HTML>
<HEAD>
<TITLE>Le Club du vistemboir</TITLE>
</HEAD>

<BODY BACKGROUND="VERDATRE.jpg">
<TABLE CELLPADDING="0" CELLSPACING="5">

<TR> <!-- historique -->
<TD COLSPAN="2"valign="bottom">
  <A HREF=".htm"><IMG SRC="menu1.gif" BORDER=0></A>
</TD>
<TD> </TD>
<TD ALIGN="center" VALIGN="top">
  <FONT SIZE="7">Le Club du vistemboir</FONT>
</TD>
</TR>

<TR> <!-- le mot du président -->
<TD> </TD>
<TD ALIGN="right" COLSPAN="2">
  <A HREF=".htm"><IMG SRC="menu2.gif" BORDER=0></A>
</TD>
</TR>

<TR> <!-- adhésion -->
<TD COLSPAN="2">
  <A HREF=".htm"><IMG SRC="menu3.gif" BORDER=0></A>
</TD>
</TR>

<TR> <!-- technique -->
<TD> </TD>
<TD ALIGN="right" COLSPAN="2">
  <A HREF=".htm"><IMG SRC="menu4.gif" BORDER=0></A>
</TD>
```

```
<TD ROWSPAN="4">
<BLOCKQUOTE>
<FONT SIZE="+1" COLOR="red" FACE="elfring-elite">
Cr&eacute;&eacute; en 1985 par Aristide de Virepiayre,
le <I>Club du Vistemboir</I> a pour objectif de diffuser des
informations concernant cet accessoire original cr&eacute;&eacute;
par Jacques Perret. Il compte actuellement une soixantaine de
membres r&eacute;partis un peu partout sur le territoire national.
</FONT>
</BLOCKQUOTE>
</TD>
</TR>

<TR> <!-- manifestations -->
<TD COLSPAN="2"">
  <A HREF=".htm"><IMG SRC="menu5.gif" BORDER=0></A>
</TD>
</TR>

<TR> <!-- statuts -->
<TD> </TD>
<TD ALIGN="right" COLSPAN="2">
  <A HREF=".htm"><IMG SRC="menu7.gif" BORDER=0></A>
</TD>
</TR>

<TR> <!-- autres sites -->
<TD COLSPAN="2">
  <A HREF=".htm"><IMG SRC="menu6.gif" BORDER=0></A>
</TD>
</TR>

</TABLE>
<P>
<HR NOSHADE>
</BODY>
</HTML>
```

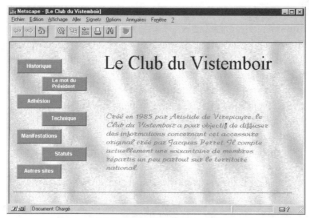

**Figure 8.15 : Encore une page d'accueil
pour le Club du vistemboir.**

Le décalage vertical est donc produit par l'utilisation alter-
née des cellules 1 et 2, puis 2 et 3 pour l'image du bouton :

```
<TR> <!-- manifestations -->
<TD COLSPAN="2"">
  <A HREF=".htm"><IMG SRC="menu5.gif" BORDER=0></A>
</TD>
</TR>

<TR> <!-- statuts -->
<TD> </TD>
<TD ALIGN="right" COLSPAN="2">
  <A HREF=".htm"><IMG SRC="menu7.gif" BORDER=0></A>
</TD>
</TR>
```

On remarquera l'utilisation de l'espace insécable dans la
première cellule lorsque l'image du bouton se situe du côté

gauche. Pour que le titre "Le Club du vistemboir" soit bien aligné avec le premier bouton, on a dû jouer sur les alignements verticaux (attribut VALIGN de <TD>). En effet, la taille 7 utilisée pour l'afficher occupe plus de place en hauteur que l'image du bouton. Cette dernière est donc alignée sur le bas, alors que le titre lui-même est aligné sur le haut. Enfin, on a joué sur l'expansion verticale de la cellule contenant le texte affiché (ROWSPAN="4") pour obtenir une disposition harmonieuse. L'utilisation d'une police rare (Elfring-Elite) n'est pas à conseiller, car il y a peu de chances qu'elle figure sur le disque dur de la machine de nos visiteurs. Qu'on nous pardonne cette fantaisie !

ATTENTION

Et puisque nous sommes en pleine séance d'auto-flagellation, déplorons l'absence d'attribut ALT= dans nos images de boutons !

Références utiles

■ HTML 3.2 Reference Specification : http://www.w3.org/pub/WWW/TR/

■ Un bon didacticiel (en anglais) sur les tableaux : http://www.killersites.com/tutorial/

CHAPITRE 9

Le multimédia

Sous ce nom, nous rangerons un certain nombre de gadgets qui sont venus, peu à peu, apporter un peu de fantaisie dans vos pages Web. Les sons et la musique, tout d'abord, les animations ensuite et, pour terminer, les images en 3D. Contrairement à ce qui est la règle avec les images, où GIF et JPEG dominent largement (PNG viendra progressivement s'y ajouter et sans doute supplanter GIF), ici, c'est l'anarchie la plus complète en ce qui concerne les formats, le plus souvent pour des raisons commerciales.

Les fichiers audio

La quasi totalité des fichiers audio, c'est-à-dire ceux qui contiennent des bruits, des sons, de la musique, des paroles... sont obtenus par la numérisation de sons, suivie d'une compression. Et c'est là que sont les différences les plus marquantes. Entre la qualité (bande passante, mono ou stéréo) et l'encombrement des fichiers, il existe, un peu comme pour le format JPEG des images, beaucoup de compromis possibles.

La création d'un fichier audio

Nous avons attiré votre attention sur le danger d'exploiter illégalement de la musique enregistrée ou diffusée sans détenir les droits de reproduction.Vous devez donc créez vos propres extraits sonores et votre outil de base sera donc le microphone. Si vous disposez d'une carte audio sur votre ordinateur, vous pourrez obtenir directement des fichiers numériques.

Sinon, si vous désirez disposer d'une plus grande mobilité lors de vos prises de son, vous devrez utiliser un magnétophone plus ou moins perfectionné pour obtenir des enregistrements analogiques. Il faudra ensuite leur faire subir une première conversion par *échantillonnage* pour en tirer des fichiers numériques. Ce livre n'étant pas un traité d'électroacoustique, nous passerons rapidement sur tout ce qui ne relève pas directement de l'informatique.

> Le *taux d'échantillonnage* d'un son représente le nombre d'instants d'évaluation par seconde ou, si vous préférez, le nombre de tranches de découpage par seconde. Il s'exprime en kiloHertz (kHz). Plus ce nombre est élevé, meilleure est la qualité de la conversion.

NOUVEAU

La bande passante détermine la qualité de la reproduction. Entre la qualité téléphone et la haute fidélité des CD, il y a place pour plusieurs options, ce qui aboutit à des taux d'échantillonnage de 8, 11, 22 ou 44 kHz. La taille des fichiers obtenus sera proportionnelle à cette valeur. Il faudra la doubler si votre enregistrement est fait en stéréo.

Les valeurs mesurées pour chaque échantillon pourront être conservées en 8 bits ou 16 bits. Il est évident que la qualité sera meilleure avec cette dernière valeur puisque vous pourrez distinguer plus finement deux niveaux sonores voisins. Mais, ici encore, la taille des fichiers obtenus variera du simple ou double. Pour vous donner un ordre de grandeur, sachez qu'une minute de musique en haute fidélité vous demandera, sans compression, à l'état brut, une dizaine de mégaoctets sur votre disque dur.

Grâce à différentes techniques de compression, cet encombrement pourra heureusement être réduit dans d'appréciables proportions. Sans entrer dans leur détail, disons qu'il existe bon nombre de procédés qui se distinguent extérieurement par l'extension des fichiers produits : .AU, .AIFF (ou

.AIFC), .MPEG, SND, .WAV. Selon la machine que vous utilisez, vous trouverez plutôt l'un ou plutôt l'autre. On peut ajouter à ces procédés le format RealAudio, qui présente l'avantage de ne pas attendre la fin d'une transmission pour commencer à faire entendre les sons transmis, mais au prix d'une certaine complexité (presque toujours, votre serveur devra être équipé de logiciels spécifiques).

Un bon exemple d'emploi de fichier audio consiste à faire parler une image. Supposons que vous consacriez une page Web à un de vos contemporains. En même temps que vous présenterez sur l'écran sa photo accompagnée de sa biographie, faites entendre quelques phrases d'un discours qu'il aura prononcé en public. En principe, le problème du copyright ne devrait pas se poser avec trop d'acuité, les hommes politiques appréciant généralement que l'on diffuse leurs propos.

L'exploitation des fichiers audio

Alors que l'exploitation des fichiers graphiques (les images, en général) existe de façon native dans la quasi-totalité des navigateurs (exception faite du fossile Lynx), presque rien n'est prévu pour les fichiers de sons. La raison en est l'absence de standardisation, du fait que leur existence est bien plus récente que celle des fichiers d'images et, surtout, de ce que votre visiteur doit posséder un matériel spécifique pour les exploiter : une carte audio. Toutefois, les deux ténors - Netscape Navigator et Internet Explorer - commencent à incorporer des logiciels pour les formats audio les plus courants (WAV et MIDI, par exemple).

En général, il faut ajouter au navigateur un assistant logiciel capable d'interpréter le type de format audio que vous avez reçu (ou que vous allez recevoir). Ces *assistants* sont appelés des *plug-in* (littéralement : enfichables) et ils sont généralement disponibles sur le serveur créé par l'éditeur de votre navigateur.

Un cas particulier : les fichiers MIDI

Contrairement aux fichiers de sons numérisés dont nous venons de parler, les fichiers MIDI ne contiennent pas de sons numérisés. Ce sont des fichiers de commandes destinées à actionner des synthétiseurs de musique. Chaque note y est représentée par sa hauteur, son intensité, sa durée, le nom de l'instrument sur lequel elle doit être reproduite (et d'autres paramètres comme son attaque, sa décroissance...). La plupart des cartes audio possèdent actuellement des générateurs susceptibles d'interpréter ces commandes.

Le côté positif de ce système est un encombrement très faible des fichiers puisque la longueur d'une commande MIDI est indépendante de la durée de la note jouée (ici, la notion de taux d'échantillonnage n'a plus de sens). En contrepartie, la qualité de la reproduction est fortement tributaire de la qualité des générateurs situés sur la machine du visiteur. Netscape Navigator et Internet Explorer peuvent reproduire ces fichiers de façon native.

Si vous ne cherchez qu'à reproduire de la musique, les fichiers MIDI constituent une solution avantageuse du fait de leur faible encombrement. En revanche, pour des paroles ou des bruits, il est évident qu'ils ne font pas l'affaire.

Commandes HTML

Il y a deux façons d'agrémenter votre présentation par des sons :

- En musique de fond, sans rien annoncer de spécifique à vos visiteurs. Internet Explorer propose une commande particulière à cet effet : le marqueur `<BGSOUND>`.

■ En leur proposant par un appel de lien de charger un fichier de sons. Dans ce cas, n'oubliez pas d'indiquer sa taille et le format du fichier afin que le visiteur puisse s'assurer qu'il possède le plug-in nécessaire pour l'entendre.

Le marqueur <BGSOUND>

A n'employer que parcimonieusement puisqu'il n'est implémenté que par Internet Explorer. Sa syntaxe est simple et une commande se présente ainsi :

```
<BGSOUND SRC="polovts.mid" LOOP="infinite">
```

Une fois que ce fichier sera complètement chargé, les danses polovtsiennes (extraites du *Prince Igor* de Borodine) se feront entendre en musique de fond. Vu la durée de cette oeuvre, un fichier MID convient particulièrement bien (il fait une cinquantaine de Ko).

Un appel de lien

Exactement comme si vous appeliez une autre page HTML. Vous pourriez écrire par exemple :

```
Aimez-vous <A HREF="valseBRA.wav">Brahms</A> ?
(fichier WAV, 257 Ko)
```

Un tel fichier donnera lieu à une quinzaine de secondes de musique dans des conditions d'écoute standard, en mono. On peut ainsi comprendre que le visiteur hésite à demander le chargement d'un fichier d'une telle longueur, ce qui est plus honnête de la part de l'auteur Web que l'emploi insidieux du marqueur <BGSOUND>.

Les animations _____

Nous avons déjà rencontré les images GIF animées mais, ici, on cherche à faire mieux et à réaliser ce qu'on pourrait appeler des *clips* : petites séquences animées, la plupart du temps doublées d'une bande sonore, et reproduisant de courtes scènes, souvent photographiées ou filmées, en petit format. Pourquoi "courtes" et "en petit format" ? A cause de l'encombrement des fichiers, bien sûr. Un peu comme pour le cinéma, cet effet d'animation est produit par la succession rapide d'une suite d'images légèrement différentes, les *trames*. Partant du fait que, d'une image à l'autre, beaucoup d'éléments restent constants, les algorithmes de compression s'attachent à ne conserver que les différences entre deux trames successives.

> Un *codec* est un algorithme de compression-décompression (CinePak, Indeo, par exemple) destiné à traiter une animation vidéo indépendamment du format de celle-ci.

NOUVEAU

Il existe trois standards principaux : QuickTime (Apple), Video for Windows (Microsoft) et MPEG (*Motion Pictures Experts Group* : groupe d'experts indépendants) faisant appel à des *codecs* différents. A titre d'exemple, une animation de type AVI, d'une durée inférieure à 20 secondes, comme celle dont la Figure 9.1 montre un extrait (format 320 x 240 pixels), demande la transmission d'un fichier de plus de 6 mégaoctets. Il faut toujours disposer du plug-in nécessaire pour reproduire une animation. Contrairement à ce que nous venons de voir pour les fichiers de sons, la réalisation d'animations nécessite des logiciels et du matériel dont le prix est le plus souvent hors de portée de l'amateur, particulièrement en ce qui concerne les fichiers de type MPEG. La source d'informations vidéo est généralement constituée par un magnétoscope ou une petite caméra comme la QuickCam. Il faut faire attention aux différences de format entre le standard de télévision américain (NTSC), le standard européen (PAL) et le standard français (SECAM), non seulement pour les matériels utilisés mais aussi pour les logiciels d'édition.

Figure 9.1 : Extrait d'une animation au format AVI (Microsoft).

Signalons le système Indeo, créé par Intel, pour lequel on peut trouver gratuitement un logiciel de création, SmartVid, sur le serveur Web d'Intel.

Pour l'amateur, le conseil que nous donnerons est... d'éviter les animations : d'abord en raison de la complexité de la réalisation ; ensuite (et surtout) à cause de la très grande quantité d'informations qu'il faut transmettre et qui destine plus spécifiquement ce type de média aux CD-ROM qu'à une transmission sur l'Internet. Sauf peut-être pour ceux qui bénéficient d'un raccordement direct à très haut débit (comme les universités ou les grandes entreprises). Si, toutefois, vous voulez vous aventurer, l'incorporation d'une animation dans une page Web s'effectue de la même façon que pour toute autre forme de multimédia, en insérant un appel de lien. Là, plus encore qu'avec les fichiers audio, informez votre visiteur de ce qui l'attend :

```
Admirez <A HREF="golden.avi">le pont du Golden Gate </A>
à San Francisco (fichier AVI, 6 321 Ko)
```

Le VRML

Cet acronyme signifie *Virtual Reality Modeling Language*. Autrement dit, c'est un langage de modélisation virtuelle qui offre la possibilité d'afficher des scènes en 3D dans lesquelles votre visiteur peut se déplacer au moyen de certaines commandes spécifiques, changeant ainsi son point de vue. Actuellement les constructions ainsi réalisées sont obtenues à partir d'éléments géométriques et non pas de documents photographiques. Il faut, bien entendu, que le navigateur de votre visiteur soit équipé de l'assistant ou du plug-in nécessaire (Live3D, par exemple) et, surtout, dispose d'une puissance de calcul importante car la modification du point de vue va nécessiter de recalculer la plupart des éléments affichés.

Les fichiers transmis sont de taille assez faible car ils ne contiennent que la description géométrique des constituants des scènes à représenter. Le Listing 9.1 montre un extrait de la scène très simple reproduite sur la Figure 9.2.

```
#VRML V1.0 ascii

#date 9 May 1995
Separator {
    Info {
```

```
    string "A Fish translated to VRML by Keith Ahern"
         ) #end of info
  DirectionalLight { direction 0 0 -1 }
  Separator { # Object Separator
    Material { emissiveColor 0.3 0.8 0.2 }
#     Material { diffuseColor 0.3 0.8 0.2 }
       Coordinate3 {
       point [ -0.000814 -0.072374 -0.023559,
               0.003943 -0.060005 -0.033377,
               0.009914 -0.035124 -0.047810,
               0.010780 -0.022596 -0.051913,
              -0.050093 -0.086799  0.000000,
              -0.043225 -0.075645 -0.011720,
```

Listing 9.1.

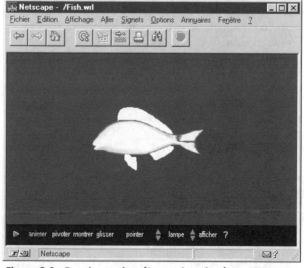

Figure 9.2 : Représentation d'une scène simple en VRML. Les commandes en bas de l'écran permettent d'animer la scène.

Le travail de création des mondes VRML est assez important et il est nécessaire d'utiliser des logiciels spécifiques comme trueSpace3 ! de Caligari Software, qui propose une version d'essai à durée limitée sur son serveur (attention : plus de 9 Mo à télécharger !).

Malgré l'attrait que peut présenter ce type de modélisation et la faible taille des fichiers de commandes, bien adaptée aux contraintes de l'Internet, peu de gens semblent s'y être intéressés, ce qui explique le faible nombre de fichiers VRML qu'on peut rencontrer dans les présentations Web. La nécessité de disposer d'un plug-in très particulier et la puissance de calcul nécessaire pour bénéficier dans de bonnes conditions de l'animation n'encouragent pas la diffusion de ce type de média sur l'Internet.

Pour en savoir davantage

- Editeur de sons Cool Edit : `http://www.syntrillium.com`

- Editeur de sons GoldWave : `http://www.glodwave.com`

- Source de fichiers de son .WAV : `http://204.31.29.4/ftp/wired/sounds/Waveform/`

- Source de fichiers MIDI : `http://www.midifarm.com`

- Editeurs de sons divers : `http://www.shareware.com/code/engine/SearchOption?frame=none`

- Archives audio : `http://www.iuma.com`

- Animations (informations générales) : `http://www.yahoo.com/Computers/Multimedia/Movies`

- Indeo : `http://www.intel.com/pc-supp/multimed/indeo/smartvid.htm`

- QuickTime : `http://quicktime.apple.com`

- VRML : `http://home.netscape.com/comprod/products/navigator/live3d/`

- Ressources VRML : `http ://www.sdsc.edu/vrml`

- Logiciel de création de mondes VRML : `http ://www.caligari.com`

CHAPITRE 10

Les frames

Les *frames* ont été créés par Netscape (ils apparaissent pour la première fois dans Netscape Navigator 2.0) pour faciliter la navigation dans une présentation Web. Le mot *frame* peut se traduire par *cadre* mais, pour plus de clarté, nous le conserverons tel quel. Etant donné l'importance que joue ce type de structure dans l'agrément d'une présentation Web, nous allons nous y attarder quelque peu.

Principe des frames

L'idée est de fractionner la fenêtre d'affichage du navigateur en plusieurs zones indépendantes, chacune de forme rectangulaire et orientée horizontalement ou verticalement. L'une de ces zones, au moins, est généralement fixe et contient des indications de navigation qui restent ainsi affichées en permanence. Le contenu des autres est variable : ce sont elles qui vont recevoir d'autres pages au gré de la navigation du visiteur.

On voit immédiatement les avantages qu'on en retire et la simplification qui en résulte tant pour l'auteur Web (qui n'a plus besoin d'ajouter des menus de navigation dans chacune de ses pages) que pour le visiteur (qui sait en permanence quelles pages lui sont proposées). Ces avantages se paient d'une réduction de la surface utile de la fenêtre d'affichage principale. C'est pourquoi ce système ne convient bien qu'avec une résolution d'affichage d'au moins 800 x 600 pixels. Au-dessous, le visiteur risque de passer son temps à faire défiler la fenêtre principale dans les deux sens. La

Figure 10.1 montre un exemple de présentation avec des
frames où la bande de gauche contient le sommaire de la
présentation (disposition la plus généralement adoptée).

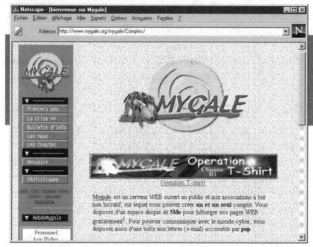

Figure 10.1 : Une présentation Web utilisant des frames.

Comme nous allons le voir, la création d'une structure de
frames n'est pas compliquée et la principale modification à
des pages qui existeraient déjà consiste à indiquer dans quelle
fenêtre doit être chargée la nouvelle page. Pour cela, un
nouvel attribut, TARGET=, a été ajouté au conteneur <A>.

Création d'une structure de frames simple

La page d'accueil d'une présentation Web utilisant des frames
doit se présenter d'une façon spéciale : le conteneur <BODY>
y est remplacé par un nouveau conteneur <FRAMESET> qui

a pour rôle d'indiquer le découpage de la page au moyen de marqueurs <FRAME> et de donner un nom à chacune des sous-fenêtres ainsi définies. Ce découpage n'est pas fait une fois pour toutes et peut être modifié par la suite, comme nous le verrons plus loin à propos du chargement d'une page dans la fenêtre ayant pour nom _top. Les autres pages (celles qui vont être chargées ensuite) sont construites de façon habituelle, ce qui fait qu'on peut très bien charger une page extérieure quelconque sans aucun problème.

Le conteneur <FRAMESET>

C'est lui qui va spécifier la façon dont est effectué le découpage de la fenêtre du navigateur. A cet effet, on utilise deux attributs : COLS= et ROWS= qui sont mutuellement exclusifs dans un même frameset. Le premier indique la place occupée par chaque bande verticale ; le second joue le même rôle si le découpage s'effectue horizontalement. On peut mesurer cette valeur en pixels ou en pourcentage de la largeur (de la hauteur) de la fenêtre d'affichage. Si on veut segmenter la fenêtre principale dans les deux sens, il faut imbriquer plusieurs conteneurs <FRAMESET>. Généralement, on n'en utilise pas plus de deux. Voici un exemple d'utilisation de ce conteneur :

```
<HTML>
<HEAD>
<TITLE>Exemple de page avec une structure de frames</TITLE>
</HEAD>

<FRAMESET COLS="20%,80%">
<FRAME NAME="FRAME1" SRC="navi.htm">
<FRAME NAME="FRAME2" SRC="page.htm">
</FRAMESET>
<NOFRAMES>
<BODY>
```

```
Pour afficher le contenu de cette pr&eacute;sentation,
votre navigateur doit supporter les frames. Utilisez,
par exemple, des versions r&eacute;centes de Netscape Navigator
ou de Internet Explorer.
</BODY>
</NOFRAMES>
</HTML>
```

> **Dans la déclaration d'un <FRAMESET>, on peut mélanger des valeurs en pixels et des valeurs en pourcentage.**

Comme on va le voir un peu plus loin, le conteneur <NOFRAMES> renferme le contenu - texte éventuellement accompagné d'images - qui sera affiché par tout navigateur ne reconnaissant pas les frames. On pourrait s'étonner que, ne reconnaissant pas les frames, un navigateur soit néanmoins capable de reconnaître ce conteneur. En réalité, ce n'est pas nécessaire et il s'agit tout simplement ici d'une application astucieuse du mécanisme d'analyse et d'interprétation adopté par tous les navigateurs. Ne reconnaissant pas les frames, le navigateur ignore les balises <FRAMESET> et <FRAME>. De ce fait, il n'affiche rien qui les concerne. Il ne reconnaît pas davantage <NOFRAMES>, mais affiche comme du texte ordinaire tout ce qui se trouve entre son marqueur initial et son marqueur final.

La Figure 10.2 montre comment pourrait s'afficher une présentation ainsi structurée dont les pages `navi.htm` et `page.htm` contiendraient respectivement ce qui suit :

```
<HTML>
<BODY>
<DIV ALIGN="center"><H4>Sommaire</H4><DIV>
<UL>
<LI><A HREF="source.htm">Origine</A>
```

```
<LI><A HREF="histo.htm">Historique</A>
<LI><A HREF="utili.htm">Utilisation</A>
<LI><A HREF="evolu.htm">Evolution</A>
</UL>
<P>
<DIV ALIGN="center"><IMG SRC="aladin.gif"></DIV>
</BODY>
</HTML>




<HTML>
<BODY>
<DIV ALIGN=center>
<H1>Découvrez le vistemboir</H1>
<HR WIDTH="50%">
<I>... Placez ici le texte et les images de votre page...</I>

</DIV>
</BODY>
</HTML>
```

Figure 10.2 : Voici comment s'affiche notre exemple.

A l'intérieur du conteneur ⟨FRAMESET⟩, on ne peut trouver que des marqueurs ⟨FRAME⟩. Ici, le partage de la fenêtre principale a été défini en pourcentage : 20 % de la largeur totale pour la fenêtre de navigation et 80 % pour l'autre fenêtre. Pour indiquer que la dernière fenêtre à définir dans la liste du ⟨FRAMESET⟩ occupe toute la place restant disponible, on peut utiliser un astérisque. Ainsi, les deux commandes suivantes sont-elles identiques :

```
⟨FRAMESET COLS="20%,80%"⟩
⟨FRAMESET COLS="20%,*"⟩
```

L'avantage de définir le partage en pourcentage est de conserver des proportions de découpage immuables, quel que soit le format d'écran adopté par le visiteur. En revanche, la Figure 10.3 montre l'inconvénient qui peut en résulter lorsque l'une des fenêtres est ainsi devenue trop étroite pour afficher correctement son contenu.

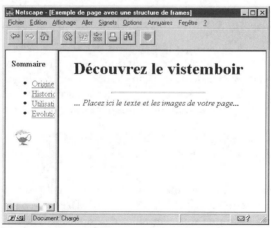

**Figure 10.3 : Le menu de navigation n'a plus assez de place
pour s'afficher correctement.**

Dans ce cas, l'utilisateur conserve la faculté de modifier la répartition de l'espace en déplaçant la séparation des deux fenêtres à l'aide du pointeur de la souris. Sauf si l'auteur de la page a décidé de lui interdire cette option en utilisant un attribut particulier : NORESIZE.

Le marqueur <FRAME>

Son rôle est de définir quelques-unes des caractéristiques propres à chacune des zones ainsi définies. Les marqueurs <FRAME> successifs s'appliquent à ces zones dans l'ordre où elles ont été déclarées.

L'attribut NAME

Il spécifie le nom attribué à l'une des fenêtres d'affichage et sa présence est indispensable si on veut pouvoir modifier le contenu de l'espace en question. Si, en revanche, comme c'est le cas pour la fenêtre de navigation, on décide que le contenu de celle-ci est immuable, inutile de spécifier un attribut NAME pour elle.

L'attribut SRC

Il permet de charger initialement une page dans la fenêtre qu'il concerne. Sa présence est donc logiquement nécessaire dans la fenêtre de navigation. Mais ce n'est pas le cas pour la (ou les autres) fenêtre(s). Les deux marqueurs <FRAME> de notre précédent exemple auraient donc pu s'écrire :

```
<FRAME SRC="navi.htm">
<FRAME NAME="FRAME2">
```

Mais nous ne conseillons pas de laisser vide l'espace dévolu à la fenêtre principale. Mieux vaut y placer une page d'accueil, si simple soit-elle, faute de quoi vous risqueriez de dérouter votre visiteur.

L'attribut NORESIZE

Il interdit au visiteur de modifier la séparation entre deux zones consécutives : celle du frame où il est défini et celle de la ou des fenêtres adjacentes. Ainsi, les commandes suivantes :

```
<FRAMESET COLS="20%,30%,40%,*">
<FRAME NAME="FRAME1" SRC="navi.htm">
<FRAME NAME="FRAME2" SRC="page.htm">
<FRAME NAME="AUTRE1" NORESIZE>
<FRAME NAME="AUTRE2">
</FRAMESET>
```

définissent quatre bandes verticales de largeurs respectives égales à 20 %, 30 %, 40 % et 10 % de la largeur totale. Seule peut être modifiée la position de la séparation entre les deux premières bandes. Le visiteur s'en rend compte par la forme du pointeur de la souris lorsqu'il le place sur une séparation. Si celle-ci peut-être déplacée, le pointeur prend une forme différente (qui n'est pas la même avec tous les navigateurs) où apparaissent des petites flèches horizontales ; sinon, il conserve sa forme traditionnelle de flèche oblique.

En général, cet attribut n'est utilisé que pour le menu de navigation.

L'attribut SCROLLING

Il peut prendre trois valeurs :

- ■ AUTO Le visiteur peut faire défiler le contenu de la fenêtre au moyen des barres de défilement habituelles qui sont affichées. C'est l'option par défaut.

- ■ NO Il n'est pas possible de faire défiler le contenu de la fenêtre même si elle est trop petite pour afficher entièrement son contenu. A éviter absolument, sauf dans des cas très particuliers.

■ YES Des barres de défilement apparaissent dans la fenêtre, qu'elles soient utiles ou non. A notre avis, l'utilisation de cette option ne s'impose pas.

Les attributs MARGINHEIGHT et MARGINWIDTH

Ils indiquent l'espace à ménager entre chaque barre de séparation et le contenu (texte, images...) affiché dans la fenêtre intéressée. La Figure 10.4 montre l'influence de quelques-uns de ces attributs sur la façon dont se présente l'écran du navigateur. Il ne s'agit ici que d'un exemple et nous ne conseillons pas de partager de cette façon une fenêtre en quatre bandes verticales.

Figure 10.4 : Influence de quelques-uns des attributs du marqueur <FRAME>.

Le conteneur <NOFRAMES>

Comme nous l'avons vu au début de notre exemple, ce conteneur renferme tout ce qui sera non seulement affiché, mais aussi pris en compte par un navigateur ne reconnaissant pas les frames. C'est principalement du texte, mais on peut y mettre tout ce qu'on veut : par exemple, le chargement d'une autre page d'accueil qui reproduirait la même présentation Web mais sans utiliser de frames. Toutefois, cette idée, si séduisante soit-elle, n'est pas très réaliste, car opérer ainsi obligerait l'auteur Web à faire évoluer en parallèle deux jeux de pages différentes pour la même présentation. On peut être certain que des erreurs et des décalages ne tarderaient pas à apparaître.

> **Certains éditeurs génèrent <NOFRAME>, d'autres : <NOFRAMES>. En l'absence de toute référence dans le document officiel du W3C cité au début de ce chapitre, nous nous garderons bien de trancher, mais il semblerait, à l'usage, que la seconde forme soit la plus répandue. Par bonheur, les navigateurs reconnaissent généralement les deux formes.**

ATTENTION

Titre d'un frameset

Le seul conteneur `<TITLE>` reconnu comme tel et affiché est celui qui figure dans le document HTML qui contient le frameset. Les autres `<TITLE>` situés dans les frames sont ignorés : il est donc inutile de les coder. Une seule exception : la page chargée dans la fenêtre `_blank`, ce qui est normal puisque cette page ne fait pas partie de la structure des frames définie par le frameset.

Chargement d'une page dans un frame _

Pour charger un document HTML dans un frame particulier, il faut ajouter l'attribut TARGET= à l'appel de lien,
comme dans l'exemple suivant :

```
<A HREF="otrepage.htm" TARGET="fenetre_principale">
```

Si on veut simplement que ce document remplace celui du
cadre où se trouve l'appel, on peut omettre l'attribut TARGET.
Mais cette façon de faire n'est pas conforme à ce qu'on appelle "le bon style HTML".

Il existe quatre noms de fenêtre réservés qui correspondent
à quatre cas particuliers bien définis et qui peuvent figurer à
la suite de cet attribut :

- ■ _top Le document sera chargé dans la fenêtre de plus
  haut niveau, c'est-à-dire dans celle qui contenait la
  description du frameset. Le précédent découpage dis-
  paraît donc. Si le document chargé est lui-même un
  frameset, c'est un moyen de modifier le découpage en
  cadres. Si c'est une page ordinaire, on revient à une
  structure sans frame.

- ■ _self Le document est chargé dans la fenêtre qui contenait l'appel de lien.

- ■ _parent Le document est chargé dans le frameset
  auquel appartenait le frame contenant l'appel de lien.
  S'il n'existait qu'un seul frameset, on est ramené au
  premier cas.

- ■ _blank Le document est chargé dans une nouvelle
  fenêtre créée pour la circonstance. Cette fenêtre a les

mêmes dimensions que la fenêtre courante du navigateur (et non celles, du frame d'où elle a été appelée).
Le frame contenant l'appel est inchangé. La Figure 10.5 en montre un exemple.

Figure 10.5 : Chargement d'une page Web dans la fenêtre _blank.

La fenêtre du navigateur créée par TARGET=_blank devra
être fermée manuellement par le visiteur.

Création d'une structure de frames complexe

Pour obtenir des configurations de cadres complexes, il suffit d'imbriquer des commandes <FRAMESET>. Les éditeurs
HTML évolués (ceux qui sont WYSIWYG ou qui ont un
assistant de création de frames, comme AOLPress) permettent de réaliser des assemblages de cadres quelconques sans
difficulté, comme le montre la Figure 10.6, de façon pure-
ment graphique à l'aide de la seule souris. Ici encore, il s'agit

ATTENTION

d'un cas d'école, car une telle structure n'a guère de justification logique. Voici le code généré par AOLPress :

```html
<HTML>
<HEAD>
  <!-- Created with AOLpress/2.0 -->
  <TITLE>Please title this page. (FrameSet 3)</TITLE>
</HEAD>
<FRAMESET COLS="16%,84%">
  <FRAMESET ROWS="300,*">
    <FRAME>
    <FRAME>
  </FRAMESET>
  <FRAMESET ROWS="190,212">
    <FRAMESET COLS="25%,75%">
      <FRAME>
      <FRAMESET ROWS="58%,42%">
        <FRAMESET COLS="47%,53%">
          <FRAME>
          <FRAME>
        </FRAMESET>
        <FRAME>
      </FRAMESET>
    </FRAMESET>
    <FRAMESET COLS="79%,21%">
      <FRAME>
      <FRAME>
    </FRAMESET>
  </FRAMESET>
</FRAMESET>

<NOFRAMES>
<BODY>
<P>
</BODY>
</NOFRAMES>
</HTML>
```

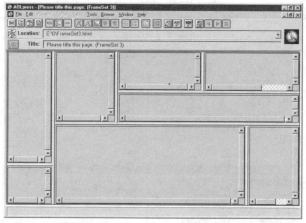

Figure 10.6 : Structure de cadres complexe mais irréaliste.

De façon plus réaliste, proposons-nous de construire la disposition proposée par l'assistant Frames de l'éditeur Coolweb, illustrée par la Figure 10.7 et qui correspond à quelque chose de plus concret.

Le code généré par Coolweb est reproduit ci-dessous. Nous y avons ajouté des indentations pour le rendre plus facile à comprendre.

```
<HTML>
<FRAMESET COLS="20%,80%">
  <FRAME NAME="FRAME1" SRC="Indiquez la source">
  <FRAMESET ROWS="80%,20%">
```

ATTENTION

```
   <FRAME NAME="FRAME2" SRC="Indiquez la source">
   <FRAME NAME="FRAME3" SRC="Indiquez la source">
  </FRAMESET>
</FRAMESET>

<NOFRAMES>
<BODY>
</BODY>
</NOFRAMES>
</HTML>
```

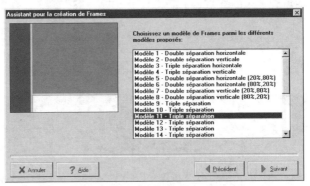

Figure 10.7 : Disposition de cadres assez courante telle que la propose Coolweb.

Ce code est bien plus rudimentaire que celui généré par AOLPress. En particulier, il lui manque les conteneurs <HEAD> et <TITLE>.

Ces deux exemples illustrent la façon de procéder lorsqu'on veut créer des structures complexes à la main. Il faut aller du plus général vers le particulier. Lorsque dans une bande quelconque on veut introduire une séparation dans une di-

rection perpendiculaire, il suffit d'imbriquer un nouveau
<FRAMESET> qui se terminera à l'extrémité de cette bande.

*Pour en savoir davantage*_____

Il n'existe pas de document particulier consacré aux frames
et on se référera donc à un bon ouvrage sur HTML comme
on en trouve un peu partout en librairie. Bien entendu, il
faudra le choisir parmi les publications récentes, sinon il
pourrait ignorer les frames.

CHAPITRE 11

Les formulaires

Les formulaires ont été l'une des extensions les plus marquantes apportées aux navigateurs depuis la création de HTML. Ils sont actuellement reconnus par tous les navigateurs, mais leur utilisation dans une présentation Web impose quelques contraintes qui en réservent plutôt l'utilisation aux présentations professionnelles.

Rôle d'un formulaire _____

Un formulaire est constitué par un ensemble de boîtes de saisie, de listes déroulantes, de boutons radio... destiné à recevoir des informations ou des choix formulés par le visiteur puis à les transmettre au serveur où un programme particulier les traitera. L'usage qui sera fait de ces informations dépend entièrement de ce programme. Une application courante des formulaires est l'utilisation d'un des nombreux moteurs de recherche comme Yahoo!, AltaVista ou Lycos. Une autre est la collecte d'informations personnelles sur le visiteur souhaitant télécharger une version d'essai d'un logiciel commercial. Il est alors fréquent d'avoir à fournir de cette façon son nom, son *e-mail*, voire son adresse. Ces informations sont recueillies par l'éditeur du logiciel téléchargé, qui peut ainsi se constituer à peu de frais une base de données de prospects.

Avec JavaScript (que nous étudierons au Chapitre 12) est apparue une autre utilisation des formulaires, qui sont alors utilisés comme moyen de communication bilatéral entre un script JavaScript et le visiteur. Les informations ainsi recueillies sont destinées à un traitement local (sans faire intervenir le serveur) ou à l'affichage de certains résultats, également obtenus localement. Une utilisation courante de JavaScript est la validation des saisies effectuées dans un formulaire par l'utilisateur (vérifier, par exemple, qu'il a répondu à toutes les questions ou que ses réponses sont vraisemblables).

Principe de fonctionnement d'un formulaire

La Figure 11.1 montre comment se présente une page Web contenant un formulaire. Dans l'ordre, nous trouvons : trois boîtes de saisie de texte (nom, prénom et adresse *e-mail*), une suite de trois boutons radio mutuellement exclusifs et une liste déroulante contenant plusieurs informations parmi lesquelles le visiteur doit choisir. Le formulaire se termine traditionnellement par deux boutons : le premier, qui annule les renseignements fournis par l'utilisateur (à utiliser, par exemple, en cas d'erreur); et l'autre, qui valide les informations fournies et provoque leur envoi vers le serveur.

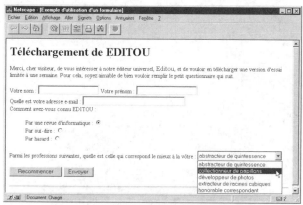

Figure 11.1 : Exemple de formulaire simple.

Le listing ci-dessous montre comment se présentent les commandes de cette page :

```
<HTML>
<HEAD>
```

```
<TITLE>Exemple d'utilisation d'un formulaire</TITLE>
</HEAD>
<BODY>
<H1>T&eacute;l&eacute;chargement de EDITOU</H1>
Merci, cher visiteur, de vous int&eacute;resser &agrave; notre
&eacute;diteur universel, <BIG>Editou</BIG>, et de vouloir en
t&eacute;l&eacute;charger une version d'essai limit&eacute;e
&agrave; une semaine. Pour cela, soyez aimable de bien vouloir remplir
le petit questionnaire qui suit.

<FORM ACTION="http://www.monserveur.fr/cgi-bin/monprog.cgi">
  Votre nom : <INPUT TYPE="text" NAME="nom">
  Votre pr&eacute;nom : <INPUT TYPE="text" NAME="prenom">
  <BR>
  Quelle est votre adresse e-mail :
    <INPUT TYPE="text" NAME="email" SIZE="35">
  <BR>
  Comment avez-vous connu EDITOU :
  <BLOCKQUOTE>
    Par une revue d'informatique :
    <INPUT TYPE="radio" NAME="revue" VALUE="value0" CHECKED>
    <BR>
    Par ou&iuml;-dire :
    <INPUT TYPE="radio" NAME="oui" VALUE="value1">
    <BR>
    Par hasard :
    <INPUT TYPE="radio" NAME="oui" VALUE="value2">
  </BLOCKQUOTE>
  Parmi les professions suivantes, quelle est celle qui correspond
  le mieux &agrave; la v&ocirc;tre :
  <SELECT NAME="profession">
  <OPTION SELECTED>abstracteur de quintessence
  <OPTION>collectionneur de papillons
  <OPTION>d&eacute;veloppeur de photos
  <OPTION>extracteur de racines cubiques
  <OPTION>honorable correspondant
```

```
</SELECT>
<P>
<INPUT TYPE=reset VALUE="Recommencer">
<INPUT TYPE=submit VALUE="Envoyer">
</FORM>
<P>
  <HR>
</BODY>
</HTML>
```

Tout ce qui concerne le formulaire est enfermé dans un conteneur <FORM> qui reconnaît plusieurs attributs, dont AC-TION, qui spécifie le nom du programme qui sera utilisé pour traiter les informations de l'utilisateur, et METHOD, qui indique de quelle façon (avec quelle codification) va se faire cet envoi vers le serveur.

```
<FORM ACTION="http://www.monserveur.fr/cgi-bin/monprog.cgi"
      METHOD=POST>
```

Il est donc clair que le mécanisme d'utilisation d'un formulaire implique une interaction client-serveur. Le programme de traitement devra se trouver sur le serveur, ce qui suppose que l'administrateur système de ce serveur aura autorisé l'auteur Web à l'y déposer. C'est d'habitude un script plutôt qu'un véritable programme, et il peut être écrit dans n'importe quel langage utilisable sur le serveur. Le langage le plus employé s'appelle Perl, mais on peut aussi bien utiliser du C. L'auteur Web devra donc savoir programmer dans un langage évolué, et connaître un peu le système d'exploitation du serveur, toutes choses qui apportent une certaine complication. S'il n'est pas familiarisé avec ces techniques, ce n'est certainement pas un bon point de départ. Mieux vaut commencer par quelque chose de moins délicat.

Ne pas oublier qu'il faudra préalablement décoder les informations envoyées par le visiteur et mises sous une certaine forme par le navigateur, encore que cela puisse être plus ou moins automatisé à l'aide de programmes génériques comme `uncgi` ou `cgi-lib.pl`. Nous verrons *in fine* comment se présentent les informations transmises par le navigateur.

Les informations reçues par le serveur donneront généralement lieu à l'envoi en retour d'un document HTML d'accusé de réception pouvant contenir des résultats obtenus à partir de ce qu'il a saisi. Toutes ces opérations s'effectuent quasiment en temps réel, c'est-à-dire que l'utilisateur reçoit la réponse aux informations qu'il a envoyées très peu de temps après qu'il a cliqué sur le bouton d'envoi. Parfois avec un certain délai si le serveur et/ou l'Internet sont très chargés.

Les dangers des formulaires _____

Comme nous venons de le voir, l'envoi des informations du formulaire va déclencher l'exécution d'un programme spécifique logé sur le serveur. Et c'est là que le bât blesse. Prudents, les responsables des système d'exploitation des serveurs se méfient de tout programme qui vient de l'extérieur et pourrait contenir quelque chose de nature à mettre en péril le bon fonctionnement de leur système. Aussi refuseront-ils la plupart du temps de voir installer sur leur(s) disque(s) dur(s) un fichier ayant l'attribut d'exécution.

Le cas est différent lorsque la présentation Web est réalisée par une équipe de développeurs appartenant à la même entreprise que votre fournisseur d'accès car on sait alors ce que contiennent les programmes de dépouillement et il n'y a pas risque d'intrusion maligne par l'extérieur. Mais ce cas de figure relève de l'utilisation professionnelle et échappe donc à l'objet de notre livre.

> Il faut distinguer le dépôt de fichiers HTML considérés comme des fichiers de type texte (ne pouvant donc pas être *exécutés*, au sens strict du terme) et celui de programmes ou scripts (pouvant être lancés comme programmes exécutables). Le premier cas ne présente aucun danger pour l'existence du système ; l'autre n'offre pas les mêmes garanties.

ATTENTION

Une solution dégradée

Il existe une solution à ce double problème (avoir l'autorisation de déposer un programme exécutable sur le serveur et savoir programmer) : c'est l'utilisation du courrier électronique pour recueillir les informations transmises par l'utilisateur. Pour cela, dans le marqueur initial du conteneur <FORM>, au lieu d'une URL pointant sur un script situé sur le serveur, l'auteur Web doit indiquer comme valeur de l'attribut ACTION l'adresse électronique à laquelle il veut recevoir les informations, précédée du protocole mailto:. En outre, l'attribut METHOD doit avoir la valeur POST, comme dans cet exemple :

```
<FORM ACTION="mailto:yfrechil@myservser.fr" METHOD=POST>
```

Les informations saisies par l'utilisateur vont toujours être transmises au serveur mais, au lieu de déclencher l'exécution d'un programme, la réception de ces informations va se faire sous forme d'un *e-mail* contenant ces renseignements. Tout danger pour le serveur est donc ainsi supprimé mais il y a, pour l'auteur Web et le visiteur de la présentation), un grave inconvénient : les informations envoyées ne pourront plus être traitées en temps réel. Cependant, il n'en reste pas moins que, pour exploiter ces informations, l'utilisateur devra toujours être capable d'écrire quelques lignes de programmes afin de traiter le contenu de chaque message reçu. Ce traitement aura lieu, maintenant, sur la propre machine de l'utilisateur, et non plus sur celle de son fournisseur d'accès.

ATTENTION

Pour que cette solution soit valable, il est nécessaire que le visiteur utilise un navigateur qui possède un mailer incorporé (c'est le cas, en particulier, de Netscape Navigator et de Internet Explorer) et que celui-ci ait été correctement configuré.

Certains fournisseurs d'accès (France Teaser, par exemple) mettent à la disposition de leurs utilisateurs un programme spécial, tout à fait général et qu'ils ont eux-mêmes écrit pour accomplir cet envoi. Le seul avantage que présente cette solution par rapport à la solution directe (`mailto:`) est de fonctionner même si le navigateur de l'utilisateur n'est pas configuré pour gérer du courrier électronique. En revanche, elle présente l'inconvénient de diminuer la portabilité de la page HTML en cas de changement de fournisseur d'accès (le nouveau n'aura probablement pas le même programme ou ses arguments devront être spécifiés d'une autre façon). Dans tous les cas, il convient de se renseigner auprès du fournisseur d'accès chez qui est hébergée la page sur les possibilités existantes et sur leur implémentation.

Cette solution d'envoi par courrier électronique convient très bien si on se contente d'accumuler des informations à utiliser en temps différé, comme des opinions ou des préférences des visiteurs. Aussi verrons-nous un peu plus loin comment faire pratiquement pour la mettre en oeuvre. Elle a l'inconvénient évident de ne pas fournir d'accusé de réception : le visiteur ignore que son message a bien été envoyé et il risque alors de cliquer plusieurs fois sur le bouton d'envoi, ce qui provoquera l'envoi d'autant de messages. A l'arrivée, il faudra alors éliminer ces doublons.

Les différents composants d'un formulaire

Comme nous l'avons dit à plusieurs reprises, cet ouvrage n'est pas un cours sur HTML, aussi n'allons-nous pas examiner de façon exhaustive tous les attributs de chacun des composants d'un formulaire. Nous développerons un peu plus ceux qui sont les plus utilisés et que nous retrouverons à propos de JavaScript dans le Chapitre 12.

<FORM>

C'est le conteneur qui renferme tous les composants du formulaire. Ses deux principaux attributs sont :

■ METHOD, qui indique comment seront codées les informations envoyées et qui peut prendre deux valeurs : POST ou GET. Par défaut, c'est POST.

■ ACTION, qui indique l'action à effectuer, c'est-à-dire non seulement une URL mais aussi un type de protocole (presque toujours http:// ou mailto:).

<INPUT>

C'est le champ de saisie par excellence. Son attribut TYPE détermine sous quelle forme se présenteront les éléments à saisir :

■ CHECKBOX : case à cocher. La valeur envoyée si cette case est cochée est définie par l'attribut VALUE. Un choix par défaut parmi plusieurs cases à cocher peut être spécifié à l'aide de l'attribut CHECKED. Exemple :

```
<INPUT TYPE="checkbox" NAME="choix" VALUE="rien">
```

■ RADIO : bouton-radio. La valeur envoyée si ce bouton est coché est définie par l'attribut VALUE. Un choix par défaut peut être spécifié à l'aide de l'attribut CHECKED. Exemple :

```
<INPUT TYPE="radio" NAME="revue" VALUE="value0" CHECKED>
```

■ TEXT : boîte de saisie de texte d'une seule ligne. Une valeur par défaut peut être spécifiée à l'aide de l'attribut VALUE. La taille de la fenêtre de saisie peut être indiquée par l'attribut SIZE et le nombre de caractères maximal à saisir par l'attribut MAXLENGTH. Exemple :

```
<INPUT TYPE="text" NAME="nom" SIZE="30" MAXLENGTH="40">
```

■ RESET : réinitialisation de toutes les valeurs déjà saisies. Rien n'est envoyé.

■ SUBMIT : envoi des informations saisies au serveur.

Pour qu'à la réception on puisse identifier à quoi se rappor-
tent les informations reçues, on utilise la méthode des
couples champ/valeur, c'est-à-dire qu'à chaque valeur fournie par l'utilisateur est associé le nom que l'auteur Web a
défini pour ce champ. Ce nom est défini par l'attribut NAME.

<TEXTAREA>

C'est une boîte de saisie multiligne qui sera généralement
utilisée lorsqu'on attend du visiteur une opinion ne pouvant pas s'exprimer seulement par quelques mots. On peut
spécifier :

- Le nombre de colonnes de la boîte de saisie au moyen
  de l'attribut COLS.

- Le nombre de lignes de la boîte de saisie au moyen de
  l'attribut ROWS.

- Un texte par défaut qui sera envoyé si l'utilisateur ne
  saisit rien. Ce texte doit être placé entre les marqueurs
  initial et terminal de TEXTAREA.

- Le nom du champ à l'aide de l'attribut NAME. Cette
  valeur est indispensable pour que la réponse puisse
  être identifiée.

Voici un exemple de zone de texte dont la présentation est
indiquée par la Figure 11.2 :

```
Que pensez-vous de la situation actuelle :
<TEXTAREA NAME="opinion" COLS="40" ROWS="6">
Je n'ai pas d'opinion.
</TEXTAREA>
```

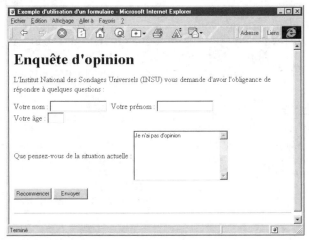

**Figure 11.2 : Comment se présente une saisie
de zone de texte affichée par Internet Explorer.**

<SELECT>

Ce conteneur crée une boîte à liste déroulante contenant une liste de choix possibles. Il admet comme attribut :

- NAME, qui donne un nom au champ.

- SIZE, qui définit le nombre de choix qui seront simultanément visibles dans la boîte.

- MUTIPLE, si plusieurs choix sont simultanément possibles.

Le seul marqueur qu'on puisse trouver à l'intérieur de <SELECT> est <OPTION>, qui s'emploie comme le marqueur <LI> des listes : il sert à énumérer les choix proposés. Pour indiquer un choix par défaut parmi ceux-ci, on lui adjoint l'attribut SELECTED.

Voici un extrait de notre premier exemple montrant l'utilisation de <SELECT> :

```
<SELECT NAME="profession">
  <OPTION SELECTED>abstracteur de quintessence
  <OPTION>collectionneur de papillons
  <OPTION>d&eacute;veloppeur de photos
  <OPTION>extracteur de racines cubiques
  <OPTION>honorable correspondant
</SELECT>
```

Ici, un seul choix est possible. Si le visiteur ne fait aucun choix, c'est la valeur abstracteur de quintessence qui sera attribuée au champ ayant pour nom profession.

Valeurs envoyées au serveur _____

Nous ne parlerons ici que de ce qui est transmis lorsqu'on utilise la méthode POST, puisque c'est la seule qu'on puisse utiliser avec une valeur de type mailto: pour l'attribut ACTION.

Sans précautions spéciales

Reprenons le formulaire initial qui nous a servi d'exemple et supposons que nous ayons eu un visiteur qui ait fait les choix que montre la Figure 11.3 avec un navigateur Netscape Navigator. L'auteur de cette page Web va recevoir un message qui, avec le mailer Eudora, se présentera ainsi qu'on le voit sur la Figure 11.4.

Figure 11.3 : Un visiteur a ainsi renseigné le formulaire qui nous sert d'exemple.

Figure 11.4 : L'auteur de la page Web contenant le formulaire reçoit ce message.

Le sujet du message indique qu'il s'agit d'un formulaire posté depuis Netscape Navigator (Mozilla est le nom interne donné par Netscape à Navigator). Les indications d'origine (champ From) reproduisent ce que le visiteur a défini pour son identité dans son navigateur. Le document joint (`d:\eudora\attach\Form posted from Mozilla`) contient ce qui suit :

```
nom=De+Tours&prenom=Gr%E9goire&email=Greg.DeTours@chose.fr
&revue=value0&oui=value1
&profession=extracteur+de+racines+cubiques
```

On retrouve les couples *nom=valeur* mais on observe que :

- Chacun de ces couples est séparé du suivant par le caractère "&".

- Le nom du champ est séparé de la valeur par le caractère "=". Si l'utilisateur n'a rien saisi, il n'y aura rien derrière le signe égal.

- Les espaces sont remplacés par des caractères "+".

- Les caractères accentués ainsi que les caractères "=", "&" et "%" sont codés sous la forme "%xx" où xx représente le code ASCII du caractère exprimé en hexadécimal.

Le programme qui exploitera ce fichier devra donc effectuer les décodages nécessaires.

Avec un peu d'astuce

Il y a heureusement un moyen de faciliter le traitement des informations ainsi transmises : c'est d'utiliser un attribut supplémentaire du conteneur `<FORM>` dont nous n'avons pas parlé parce que son emploi est réservé à des cas particuliers : ENCTYPE=. Ici, nous lui donnerons comme valeur text/plain (ce qui signifie *texte simple*). Le marqueur initial de notre formulaire se présente alors ainsi :

```
<FORM ACTION="mailto:yfrechil@myserver.fr"
  METHOD=POST ENCTYPE="text/plain">
```

Le message que nous allons recevoir maintenant va présenter nos données directement dans la zone normalement dévolue au texte du message et non plus sous la forme de document attaché, sous la forme suivante :

```
nom=De Tours
prénom=Grégoire
email=Greg.DeTours@chose.fr
revue=value0
oui=value1
profession=extracteur de racines cubiques
```

Comme on le voit, les espaces et les caractères accentués ont maintenant leur véritable représentation.

Conseils d'utilisation et de mise en page

N'oubliez pas que personne n'aime qu'on vienne fouiller dans sa vie privée. En conséquence, évitez que les questions que vous allez poser dans votre formulaire prennent un tour inquisiteur et soient à la fois trop nombreuses et trop personnelles. Ensuite, ne lassez pas la patience de vos visiteurs. Ne posez pas trop de questions : une dizaine semble un grand maximum. Posez des questions claires et auxquelles il soit facile de répondre. Pour faciliter le dépouillement des réponses, privilégiez les cases à cocher ou les boutons radio et évitez les zones de texte multiligne (<TEXTAREA>) dans lesquelles il est difficile de s'y retrouver.

Présentez vos questions dans un ordre logique et naturel et veillez à ce que la mise en page les présente de façon ordonnée. Pour aligner verticalement les cases de saisie, pensez à utiliser les tableaux, comme dans l'exemple suivant, illustré par la Figure 11.5 :

```html
<HTML>
<HEAD>
  <TITLE>Mise en page d'un formulaire</TITLE>
</HEAD>
<BODY>
<H1>Enquête d'opinion</H1>
L'Institut National des Sondages Universels (INSU) vous demande
d'avoir l'obligeance de répondre à quelques questions :
<FORM ACTION="mailto:yfrechil@myserver.fr" METHOD=POST>
<TABLE BORDER="0">
<TR>
<TD ALIGN="right" >Votre nom</TD>
<TD ALIGN="left"><INPUT TYPE="text" NAME="nom"></TD>
</TR>
<TR>
<TD ALIGN="right">Votre pr&eacute;nom</TD>
<TD ALIGN="left"><INPUT TYPE="text" NAME="prenom"></TD>
</TR>
<TR>
<TD ALIGN="right">Votre tranche d'âge</TD>
<TD ALIGN="left">
  <TABLE BORDER="0">
  <TR>
  <TD>Moins de 20</TD>
  <TD><INPUT TYPE="radio" NAME="age" VALUE="1"></TD>
  </TR>
```

```
<TR>
<TD>Entre 20 et 40</TD>
<TD><INPUT TYPE="radio" NAME="age" VALUE="2"></TD>
</TR>
<TR>
<TD>Entre 40 et 60</TD>
<TD><INPUT TYPE="radio" NAME="age" VALUE="3"></TD>
</TR>
<TR>
<TD>Plus de 60</TD>
<TD><INPUT TYPE="radio" NAME="age" VALUE="4"></TD>
</TABLE>
</TR>
<TR>
<TD ALIGN="right">Que pensez-vous de la situation actuelle ?
<TD ALIGN="left"><TEXTAREA NAME="opinion" COLS="40" ROWS="6">
 Je n'ai pas d'opinion</TEXTAREA>
</TR>
<TR>
<TD ALIGN="center" COLSPAN="2">
  <INPUT TYPE=reset VALUE="Recommencer">
  <INPUT TYPE=submit VALUE="Envoyer">
</TABLE>
</FORM>
<HR>
</BODY>
</HTML>
```

Remarquez l'utilisation d'un tableau à l'intérieur d'une des
cellules du tableau extérieur pour aligner les cases à cocher
des tranches d'âge. Vous pouvez aussi utiliser la couleur ou
un arrière-plan coloré pour les différentes questions afin de
mieux marquer l'importance de certaines d'entre elles. Mais
n'abusez pas de cet artifice : vous pourriez obtenir un effet
désagréable.

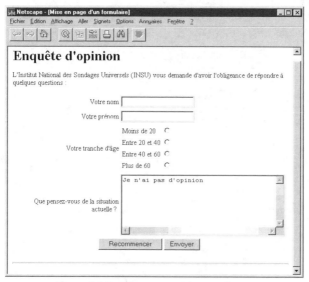

**Figure 11.5 : Mise en page harmonieuse
d'un formulaire à l'aide du conteneur <TABLE>.**

Pour en savoir davantage

Il n'existe pas de document particulier consacré aux formulaires. On se référera donc à un bon ouvrage sur HTML comme on en trouve un peu partout en librairie.

CHAPITRE 12

JavaScript, Java et ActiveX

En dépit de leur ressemblance apparente, Java et JavaScript ne sont pas parents. Alors que Java a été créé par Sun, le constructeur de stations de travail, JavaScript a Netscape pour auteur.

JavaScript

Qu'est-ce que JavaScript ?

Si HTML n'est qu'une suite de commandes, JavaScript est un véritable langage de programmation, plus exactement un *langage de script*. Il est destiné à écrire de petits programmes venant ajouter des fonctionnalités à une page HTML classique et lui donner une (petite) autonomie supplémentaire. Les instructions JavaScript sont présentes telles quelles dans la page HTML et sont *interprétées* chaque fois par le navigateur.

> Un langage *interprété* est un langage dont les instructions sont décodées une par une à chaque exécution, par opposition à un langage *compilé*, où l'ensemble des instructions est traduit une fois pour toutes sous une forme directement compréhensible par la machine où elles s'exécutent. Les avantages d'un langage interprété sont principalement la portabilité et la facilité de mise au point. En revanche, un tel programme s'exécute bien plus lentement qu'un programme en langage compilé. Java se situe entre les deux : c'est un langage *semi-compilé*, c'est-à-dire que les instructions du code source sont traduites en une forme intermédiaire, portable, qui est comprise de la *machine virtuelle* Java présente dans certains navigateurs.

Il faut que le navigateur utilisé puisse interpréter JavaScript.
C'est le cas, naturellement, de Netscape Navigator et de
Netscape Communicator et, indirectement, de Internet
Explorer. Comme JavaScript n'a fait l'objet d'aucune nor-
malisation, toutes ses instructions ne sont pas reconnues
par le navigateur de Microsoft et il existe des différences
d'interprétation pour certaines entre Netscape et Microsoft.

A quoi sert JavaScript ?

L'une des principales applications de JavaScript consiste à
tester les valeurs saisies dans un formulaire par le visiteur
avant de les envoyer au serveur, réalisant ainsi une appréciable diminution de charge de celui-ci ainsi que de l'Internet.
Cette vérification peut consister à s'assurer que certaines
questions ont bien fait l'objet d'une réponse et que celles-ci
sont dans des limites vraisemblables définies par avance.

Mais JavaScript a d'autres utilisations, particulièrement lorsqu'il s'agit d'établir un certain degré d'interactivité entre le
visiteur et une page Web. En voici quelques-unes :

- Calculette
- Calendrier perpétuel
- Bannière défilante
- Palette de couleur
- Jeux simples
- Aide en ligne

JavaScript et la sécurité

JavaScript est un langage pauvre et, en particulier, il ne
comporte aucune instruction d'entrées-sorties, ne permet

pas d'exécuter des programmes externes ou locaux et ne possède aucun moyen d'accéder à la mémoire vive de l'ordinateur hôte. Tout cela garantit qu'il ne risque pas d'altérer le contenu de la machine hôte et spécialement les fichiers situés sur le disque dur du visiteur ni d'y introduire des virus plus ou moins nocifs.

La seule chose pernicieuse que peut faire un programme JavaScript est d'effacer l'historique local du navigateur, ce qui empêchera un retour aux pages précédemment visitées lors de la présente session mais ne modifiera en rien les signets (*bookmarks*). Il peut aussi forcer à un réamorçage de la machine en se mettant en boucle ou en générant des fenêtres à n'en plus finir. Ennuyeux, certes, car c'est une perte de temps, mais sans danger. Comme on le verra plus loin, on ne peut pas en dire autant du dangereux Java.

Programmation en JavaScript

Il n'est pas question de faire un cours complet de programmation en JavaScript dans le cadre d'un livre consacré aux pages Web personnelles. Il y faudrait au moins 200 ou 300 pages supplémentaires et on trouvera à la fin de ce chapitre quelques références utiles pour approfondir ce sujet. Nous dirons simplement que JavaScript s'apparente au langage C, mais à un langage C plus proche du BASIC que du C++ puisqu'il ne possède ni pointeurs, ni primitives d'entrées-sorties ou d'accès mémoire ni classes de variables. En outre, le point-virgule qui termine toutes les instructions C ou C++ est ici facultatif (sauf dans certains cas très particuliers).

Pour que vous ayez une idée de l'effort intellectuel que demande l'écriture d'un programme en JavaScript, en voici un exemple, extrait (avec l'autorisation de l'auteur) de

JavaScript par Michel Dreyfus (éd. Sybex, 1997). Ce script permet de savoir si une année est ou non bissextile et affiche les résultats pour cinq années.

```
<HTML>
<HEAD>
<TITLE>Une ann&eacute;e est-elle bissextile ?</TITLE>
<script language="JavaScript">
function bissextile(an)
{ if (an % 4 == 0 && an % 100 != 0 || an % 400 == 0)
     document.write(an + " est une ann&eacute;e bissextile.<P>")
  else
     document.write(an + " n'est pas une ann&eacute;e bissextile.<P>")
}

bissextile(1996)
bissextile(1997)
bissextile(1900)
bissextile(2000)
bissextile(1789)
</script>

</HEAD>
<BODY>
</BODY>
</HTML>
```

On voit que le script JavaScript est placé dans un conteneur <SCRIPT> ayant comme attribut `language="JavaScript"` et que le corps (<BODY>) du document HTML est vide. Le programme commence par déclarer une fonction `bissextile()` puis il l'appelle plusieurs fois de suite, ce qui affiche l'écran reproduit sur la Figure 12.1. Comme on peut le remarquer, ça ressemble beaucoup à du BASIC.

Figure 12.1 : Un programme JavaScript simple.

Deux exemples de programmes en JavaScript

Nous allons voir deux applications simples qui dépassent le cadre d'un exercice et peuvent être utilisées pour agrémenter de véritables présentations Web.

Aide en ligne

Extrait du même ouvrage, voici un programme qui montre comment JavaScript peut servir de système d'aide. Dans cette page, on se propose d'afficher un résumé de la biographie d'un musicien ainsi que son portrait. Le même principe pourrait être appliqué à un guide de visite d'un musée ou d'une ville : parmi un menu, le visiteur choisit un nom, clique sur le bouton correspondant et un résumé ou une courte explication sont affichés ainsi qu'une image ou tout autre document multimédia (avec des musiciens, on aurait pu, par exemple, faire entendre un extrait d'une de leurs oeuvres). Voici le listing du script où on verra à la fois une utilisation simple des frames que nous avons étudiés au

Chapitre 10 et comment on peut utiliser un champ `<INPUT>` d'un formulaire (Chapitre 11) pour créer un bouton d'interactivité. La Figure 12.2 montre ce que verra le visiteur ayant cliqué sur le bouton marqué Bizet.

```
<html>
<head>
<TITLE>Portrait d'un musicien</TITLE>
</head>

<frameset rows="*, *">
  <frame src="choix.htm" name="haut">
  <frame src="vide.htm" name="bas">
</frameset>

</html>



<HTML>
<HEAD>
<TITLE>Les essais</TITLE>
<script>
function dire(nom)
{ top.bas.location.href = nom + '.htm'
  document.images[0].src = nom + '.gif'
}
</script>
</HEAD>
<BODY>
<IMG SRC="effet.gif" ALIGN=left HSPACE=15>
<H2>Portrait d'un musicien</H2>
Choisissez celui que vous voulez conna&icirc;tre :
<BR CLEAR=left>
<FORM>
<INPUT TYPE="button" VALUE="Bach" onClick="dire('bach')">
```

```
<INPUT TYPE="button" VALUE="Beethoven" onClick="dire('beethove')">
<INPUT TYPE="button" VALUE="Bizet" onClick="dire('bizet')">
<INPUT TYPE="button" VALUE="Boieldieu" onClick="dire('boieldie')">
<INPUT TYPE="button" VALUE="Brahms" onClick="dire('brahms')">
</FORM>

</BODY>
</HTML>
```

**Figure 12.2 : Utilisation interactive
d'un script JavaScript comme aide en ligne.**

Vérification de saisies

Nous allons voir un programme simple permettant de faire quelques vérifications élémentaires sur un NIF (numéro d'identification en France, communément appelé numéro de Sécurité sociale). Rappelons la signification de chaque groupe de chiffres :

- Le premier chiffre indique le sexe (1 : homme, 2 : femme).

- Les deux chiffres suivants indiquent l'année de naissance.

- Les chiffres 4 et 5 indiquent le mois de naissance (entre 1 et 12).

- Les chiffres 6 et 7 indiquent le numéro de département (99 : hors de France).

- Les chiffres 8 à 10 indiquent le numéro de la commune dans le département (pour Paris, c'est le numéro de l'arrondissement).

- Les trois derniers chiffres indiquent le numéro d'inscription sur le registre d'état civil dans le mois de naissance.

A ces treize chiffres est adjoint un code de vérification de deux chiffres qui est le complément à 97 du reste de la division du NIF par 97.

Le document HTML ci-dessous montre comment on peut associer un formulaire de saisie à un script JavaScript pour vérifier la saisie d'un NIF. D'autres vérifications devraient normalement être ajoutées, en particulier dans le cas de Paris, sur le numéro d'arrondissement. La Figure 12.3 montre ce qui sera affiché en cas d'erreur.

```
<HTML>
<HEAD>
<TITLE>Contr&ocirc;le de saisie</TITLE>
<script language="JavaScript">
function analyser(nif)
{ if (nif.length != 13)
  { alert("Vous n'avez pas saisi 13 chiffres.")
    return
  }
```

```javascript
var sexe = nif.charAt(0, 1)
if (sexe != "2" && sexe != "1")
{ alert("Le premier chiffre est incorrect.")
  document.forms[0].NIF.value = ""
  return
}

var valeur = nif
if (valeur <= 1000000000000 || valeur > 2991299999999)
{ alert("Vous avez fait une faute de frappe.")
  return
}

var an = nif.substring(1, 3)
var mois_de_naissance = nif.substring(3, 5)
if (mois_de_naissance < 1 || mois_de_naissance > 12)
{ alert("Erreur sur les 4ème et 5ème chiffres.")
  return
}

var dep_naissance = nif.substring(5, 7)
if (dep_naissance > 95 && dep_naissance < 99)
{ alert("Erreur sur les 6ème et 7ème chiffres.")
  document.forms[0].NIF.value = ""
  return
}

var commune = nif.substring(7, 10)
var numero_registre = nif.substring(10, 13)
// On pourrait ajouter d'autres vérifications ici. En
// particulier si le numéro de département est 75 (Paris),
// le numéro de commune représente le numéro de
// l'arrondissement et il ne doit pas être supérieur à 20.
d = new Date()
an_actuel = d.getYear()
```

```
  annee = an_actuel - an
  if (annee < 0 ) annee = 100 + annee
  alert("Saisie correcte.")
  return
}

function verifier(verif, nif)
{ cle = 97 - Math.floor(nif % 97)
  if (cle != verif)
  { alert("Votre numéro de securité sociale est\n"
        + "incompatible avec ses deux derniers chiffres\n")
document.forms[0].NIF.value = ""
    document.forms[0].VERIF.value = ""
    return
  }
}
</script>
</HEAD>

<BODY TEXT="purple">
<H1>V&eacute;rification d'un NIF</H1>
<FORM>
<TABLE>
<TR>
  <TD WIDTH="280">
  Indiquez les 13 premiers chiffres de<BR>votre num&eacute;ro
  de s&eacute;curit&eacute; sociale :</TD>
  <TD><INPUT TYPE="text" NAME="NIF" VALUE="" SIZE="13"></TD>
</TR>
<TR>
  <TD WIDTH="280">Puis ses deux derniers chiffres :</TD>
  <TD><INPUT TYPE="text" NAME="VERIF" VALUE="" SIZE="2"></TD>
</TR>
<TR>
  <TD>Cliquez maintenant sur le bouton</TD>
  <TD><INPUT TYPE="button" VALUE="V&eacute;rification"
```

```
        onClick="analyser(document.forms[0].NIF.value);
              verifier(document.forms[0].VERIF.value,
                    document.forms[0].NIF.value)"></TD>
</TR>
</TABLE>
</BODY>
</HTML>
```

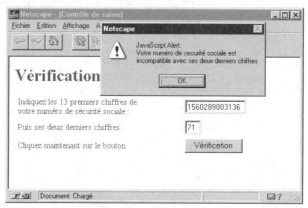

Figure 12.3 : Diagnostic d'erreur de saisie.

ATTENTION

Ce qui appartient au code JavaScript est distinct du code HTML et ne doit généralement pas utiliser d'entités de caractères pour représenter les caractères accentués.

Microsoft, comme nous l'avons dit, a implémenté un interpréteur JavaScript dont le nom est devenu JScript et propose sur son serveur une abondante documentation ainsi que plusieurs exemples. La Figure 12.4 en montre un extrait (calculette).

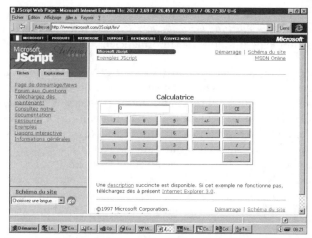

Figure 12.4 : La calculette en JavaScript proposée par Microsoft comme exemple de programmation en JScript.

Java

Créé par Sun Microsystems, Java est le dernier langage à la mode et il a bénéficié d'un énorme battage publicitaire. Si on a mis en avant ses qualités, on a peu parlé de ses défauts : de grosses failles de sécurité et une lenteur d'exécution qui le confine à des tâches plutôt modestes. En outre, programmer en Java impose d'adopter une discipline intellectuelle nouvelle, car il s'agit ici de programmation objet, tout comme en C++ avec lequel Java ne peut nier une certaine parenté.

En gros, Java est un langage semi-compilé, c'est-à-dire que le programme source subit un premier traitement local qui donne un code intermédiaire (analogue au P-code du Pascal) qui accompagne le document HTML. C'est ce code intermédiaire, totalement (enfin, *presque* totalement) portable, qui sera interprété par un module spécial du navigateur : *la machine virtuelle Java.* C'est la portabilité qui a séduit le petit monde des informaticiens.

Les éditeurs de navigateurs (Netscape et Microsoft, tout au moins), conscients des problèmes de sécurité qui se posent aux utilisateurs, ont prévu une option permettant de désactiver la machine virtuelle Java : les utilisateurs prudents peuvent ainsi refuser d'exécuter les applets (c'est ainsi qu'on appelle les scripts Java) que l'auteur Web a placés dans sa présentation. Voyez, par exemple, la Figure 12.5, qui est un extrait de la réponse à un message posté sur les news (`fr.network.internet.fournisseurs`) par quelqu'un qui se plaignait de ne pouvoir lire le contenu d'une page Web.

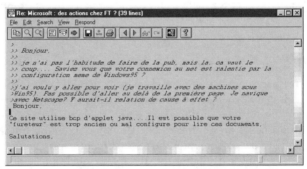

**Figure 12.5 : Parsemer une page Web d'applets
n'est peut-être pas une bonne idée.**

Pour toutes ces raisons, nous ne croyons pas que Java soit un moyen de choix pour agrémenter une présentation Web. En tout cas, son usage est réservé à des spécialistes. Autrement dit, mieux vaut être un athlète complet de la programmation pour se risquer dans l'écriture des applets.

ActiveX

Ici, nous entrons dans le domaine réservé de Microsoft. Il
s'agit d'une technique permettant l'exécution de programmes écrits en Visual Basic au sein d'un document HTML.
Bien sûr, c'est très amusant, mais la sécurité est encore plus
menacée qu'avec Java. En outre, si le fonctionnement semble correct sous Windows 95 et Windows NT, il n'en est
pas de même sur un Macintosh et ça ne marche pas du tout
sous Windows 3.x ou sous UNIX.

Lors du téléchargement d'une page Web contenant des
modules ActiveX, Microsoft, conscient des problèmes de
sécurité, s'emploie à rassurer le visiteur, comme en témoigne la copie d'écran de la Figure 12.6.

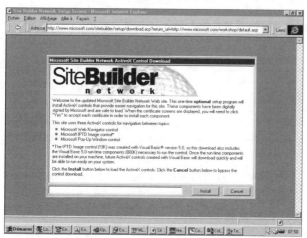

Figure 12.6 : Authentification du module ActiveX.

Il ne semble donc pas y avoir de raison sérieuse de se lancer dans ActiveX si vous voulez que vos pages Web puissent être vues et appréciées par le plus grand nombre.

Pour en savoir davantage

Livres

- *JavaScript* par Michel Dreyfus, éd. Sybex, collection Mégapoche, 1996.

- *JavaScript pour les Nuls*, par Emily A.Vander Veer, éd. Sybex, 1997.

- *JavaScript, The Definitive Guide* par David Flanagan, éd. O'Reilly, 1996.

- *Programmer en Visual J++* par Charles A. Wood, éd. Sybex, 1997.

- *Java, le livre d'or*, par Patrick Longuet, éd. Sybex, 1996.

- *Java*, par Patrick Longuet, éd. Sybex, collection Mégapoche, 1996.

- *Programmer avec ActiveX*, par Ted Combs, Jason Combs et Don Brewer (traduction française), éd. Sybex, 1997

- *ActiveX*, par Patrick Longuet, éd. Sybex, collection Mégapoche, 1996.

Sites Web

- Sur le serveur de Netscape : `http://home.netscape.com/eng/mozilla/3.0/handbook/javascript`

- Sur le serveur de Microsoft : `http://www.microsoft.com/JScript/`

- Extrait de UNGI : `http://www.imaginet.fr/ime/javascript.htm`

- The Safety Palette : `http://www.microsoft.com/workshop/`

- The JavaScript Planet : `http://www.geocities.com/SiliconValley/7116/`

- The JavaScript Connection : `http://www.geocities.com/SiliconValley/Pines/4721/`

- Page d'accueil de Sun sur Java : `http://www.javasoft.com`

- Gamelan, le site Java par excellence : `http://www.gamelan.com/index.shtml`

- Java Cyber-club de France : `http://www.labri.u-bordeaux.fr/~chaumett/java/index.html`

- Archives des FAQ sur Java : `http://www.www-net.com:80/java/faq/`

- Pause Java : `http://pausejava.u-strasbg.fr/`

- ActiveX vu par Microsoft : `http://www.microsoft.com/activeplatform/default.asp`

- Autre site ActiveX : `http://www.activex.com`

CHAPITRE 13

Vingt fois sur le métier... (validation et vérifications)

Avant de livrer le fruit de votre travail aux yeux du monde entier, il est bon de vous assurer qu'il ne contient plus d'erreurs, d'oublis ou de fautes quelconques dont le résultat serait de vous couvrir de honte.

Vérifications locales

Un certain nombre de vérifications peuvent être faites localement, sans vous connecter. Comme le compteur de France Télécom ne tourne pas, vous pouvez y accorder tout le temps nécessaire. Il ne s'agit pas de faire des vérifications statistiques (une page par ci, une page par là) mais de passer en revue la totalité des pages de votre site en parcourant tous les chemins possibles.

Orthographe et syntaxe

A plusieurs reprises, nous avons insisté sur la nécessité d'éliminer toute faute d'orthographe, d'accorder soigneusement vos participes et de veiller à la concordance des temps. Pendant que vous y êtes, assurez-vous aussi que vos phrases ont un sens (de préférence celui que vous avez voulu leur donner). Faites faire ces vérifications par un de vos amis dont l'esprit critique soit suffisamment acéré et qui n'ait pas encore vu votre présentation. On voit mal ses propres erreurs : en tant qu'auteur, vous savez ce que vous vouliez dire et peut-être, inconsciemment, rectifiez-vous certaines inconsistances de votre texte. Cela n'arrive pas qu'aux autres, comme le montrent l'extrait du FAQ du fournisseur d'accès AOL (point 10) reproduit sur la Figure 13.1 et un extrait du communiqué de presse publié par Apple à propos de la démission de son P.D.G., Gilbert Amelio, reproduit sur la Figure 13.2, dans lequel le traducteur a commis une grossière faute d'accord.

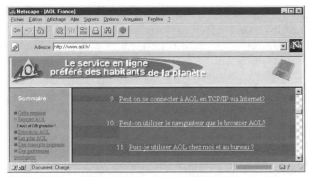

Figure 13.1 : Exemple de page Web mal relue.

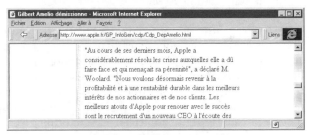

**Figure 13.2 : Traduire, c'est trahir.
Ne pas relire, c'est impardonnable.**

Si vous ne trouvez pas les fautes en moins de 10 secondes pour chaque image, il est indispensable que vous fassiez revoir vos pages par un ami ayant une meilleure orthographe que vous !

ATTENTION

Images et fichiers multimédias

Il faut vous assurer que toutes vos images sont bien là où elles doivent être et qu'elles ont la taille convenable. Pour cela, le mieux est sans doute de parcourir votre présentation en utilisant plusieurs formats d'écran : depuis 640 x 480 jusqu'à 1024 x 768 si votre moniteur vous le permet. Comme nous l'avons dit, c'est le format 800 x 600 qui est le plus utilisé sur les machines récentes, car il permet avec une carte vidéo standard et un moniteur de qualité médiocre de lire ce qui est affiché sans trop de mal avec un écran de 14 ou (mieux) de 15 pouces. (Pour lire confortablement un écran 1024 x 768, il est préférable d'utiliser un moniteur de 17 pouces, au moins, et de bonne qualité.)

Nous n'irons pas jusqu'à vous conseiller de faire le test avec un écran monochrome, car il n'en subsiste qu'un nombre réduit en usage. Inutile de vous tracasser.

En revanche, pensez à ceux qui ont désactivé l'affichage des images, généralement pour gagner du temps. Assurez-vous, après avoir fait de même (Options/Autochargement des images sur Netscape Navigator, par exemple), que vous avez bien prévu l'attribut ALT= pour toutes vos images et que ce qui s'affiche conserve un sens. La Figure 13.3 montre comment se présente la page d'accueil du serveur d'Apple France lorsque les images sont chargées ; et la Figure 13.4 ce qui s'affiche lorsque leur chargement est désactivé. On constate que presque toutes les images sont bien pourvues d'un texte de remplacement significatif. La seule exception semble être l'annonce des offres d'Apple, qui ne s'affiche que par la petite icône représentative de l'absence d'image.

Faites le même type de vérification pour les autres fichiers multimédias, en particulier pour les fichiers audio. Bien entendu, comme ces vérifications sont faites localement, vous ne pouvez pas apprécier le temps nécessaire au chargement.

Figure 13.3 : La page d'accueil du serveur d'Apple France, avec toutes ses images.

Figure 13.4 : Même page d'accueil, avec le chargement des images désactivé.

Liens internes

Pour parcourir l'ensemble de votre présentation, vous allez devoir explorer tous les liens *internes* (pas les liens externes puisque, pour le moment, vous n'êtes pas connecté). Si vous utilisez un PC sous une quelconque mouture de Windows, vous ne pourrez pas déceler les fautes de casse (confusion entre majuscules et minuscules), comme dans l'appel de lien suivant :

```
Pour connaître <A HREF="MaSuite.htm">la suite</A> de cette histoire...
```

alors que votre fichier est enregistré sur votre disque sous le nom `masuite.htm`. Si le serveur sur lequel vous allez ensuite charger votre présentation fait cette distinction, votre visiteur obtiendra une erreur 404 (fichier non trouvé), alors que sous Windows le lien s'établira sans difficulté.

Assurez-vous en particulier que les liens de remontée existent et que votre visiteur ne risque pas d'aboutir à un cul-de-sac. Si vous utilisez des frames, cela ne devrait pas se produire. A ce propos, assurez-vous que vous avez bien prévu une clause `<NOFRAMES>` dans votre frameset.

Changez de navigateur

Vous avez probablement élaboré l'ensemble de votre présentation avec le même navigateur, Netscape Navigator, par exemple. Et si, maintenant, vous la parcouriez avec, disons, Internet Explorer ? Sans doute allez-vous y percevoir quelques différences d'aspect. Sont-elles insignifiantes ? Au contraire, gâchent-elles l'effet que vous aviez prévu ? Dans ce dernier cas, faites preuve de moins d'astuce, rédigez autrement vos commandes HTML et refaites la vérification avec les deux navigateurs.

Cette vérification vous permettra également de vous assurer que vous n'avez pas utilisé de marqueurs trop personnalisés qui seraient lettre morte pour les autres navigateurs.

> C'est à dessein que nous ne vous avons pas parlé du conteneur <BLINK> que, seul, Netscape Navigator reconnaît, ni du conteneur <MARQUEE>, spécificité de Internet Explorer.

Essayez une autre machine

Peut-être avez-vous parmi vos amis quelqu'un qui utilise une machine de la chapelle rivale (un PC si vous êtes Macophile ; un Mac si vous ne jurez que par Bill Gates). Demandez-lui gentiment de vous laisser essayer votre présentation sur son matériel. Le transfert des fichiers s'effectuera sans difficulté par des disquettes 3,5 pouces que les Mac pas trop vieux sont capables de lire. Vous risquez de percevoir des différences d'aspect assez nettes, non seulement parce que les navigateurs ne sont pas absolument identiques, mais aussi parce que le format d'écran est différent et que l'interprétation des couleurs, en particulier, risque de ne pas être la même.

Et si un autre de vos amis travaille sous UNIX ou sous Linux, faites de même : on ne fait jamais trop de tests. Mieux vaut perdre un peu de temps plutôt que de présenter un site Web défectueux.

Les logiciels de vérification_____

Il existe des logiciels de vérification HTML comme il existe des vérificateurs d'orthographe (et même de syntaxe) dans les traitements de texte. Malheureusement, si les règles d'écriture d'une langue sont relativement bien formalisées et les exceptions bien répertoriées, il est loin d'en être de même pour HTML. Ce qui veut dire que les outils de vérification risquent de faire preuve d'une sévérité excessive lorsque, par exemple, ils en sont restés à HTML 2.0 ou qu'ils ignorent résolument tout ce qui est en dehors des documents officiels de HTML 3.2 mais que l'usage tout-puissant a entériné.

Mais ils ne sont pas complètement inutiles, car ils vous signaleront les oublis les plus courants, comme l'absence de guillemets autour des valeurs d'attributs ou les conteneurs mal ou pas du tout refermés que les navigateurs les plus courants toléreront sans problème.

Il existe deux catégories de vérificateurs : ceux que vous pouvez vous procurer comme tout logiciel ordinaire (généralement sous forme de shareware ou de freeware) et ceux qui travaillent en connexion, soit sur une présentation déjà installée sur son serveur, soit sur un fichier dont vous leur donnez les coordonnées au moyen d'un formulaire.

La déclaration DOCTYPE

Il s'agit d'une pseudo-déclaration qui ressemble à un commentaire. Elle se place tout à fait en tête du document HTML, avant même <HTML>, et sert à indiquer quel est le niveau de la spécification HTML à laquelle le document qui suit se réfère. En voici un exemple, tiré du document "HTML 3.2 Reference specification" du W3C, le comité qui est chargé d'élaborer les spécifications HTML :

```
<!DOCTYPE HTML PUBLIC "-//W3C//DTD HTML 3.2//EN">
<title>HTML 3.2 Reference Specification</title>
<body bgcolor="#FFF6F0"
  ...
```

Cette déclaration est principalement utilisée par les outils de validation qui peuvent ainsi sélectionner automatiquement le niveau de HTML auquel ils doivent effectuer leur travail.

> Selon la spécification HTML 2.0, tout document HTML qui n'est pas préfixé par une déclaration DOCTYPE est supposé se conformer à la spécification HTML 2.0.

Les vérificateurs locaux

Nous n'allons pas faire ici une revue détaillée de ce qu'on peut trouver sur le marché et nous nous limiterons à HTML Validator d'Albert Wiersch et HTML Validator de Spyglass (eh oui ! il existe deux programmes différents portant le même nom) pour les vérificateurs de syntaxe et à Infolink pour les vérificateurs de liens.

HTML Validator d'Albert Wiersch

C'est un shareware dont on peut télécharger une version d'essai limitée à la validation de 150 documents. Nous lui avons soumis un document cueilli au hasard de nos pérégrinations sur le Web et intitulé *An experiment in style* dont nous pensions qu'il était un modèle auquel on pouvait se fier. Devant les 25 erreurs obtenues, nous tairons charitablement le nom de son auteur. Nous en avons été d'autant plus surpris que cette page s'affichait tout à fait correctement. Voici un extrait des commentaires de ce vérificateur :

```
CSE 3310 HTML Validator v2.00B (Unregistered)
Validating file "E:\0\3colonnes.htm" (5753 bytes).

*** EVALUATION COPY *** EVALUATION COPY *** EVALUATION COPY ***
```

```
      Number of lines checked: 80
Number of lines in HTML file: 81 (98.8% of lines checked)
      Number of lines ignored: 0
Number of character entities: 2
          Number of tag names: 60
       Number of closing tags: 36 (60.0% of tag names closed)
Number of <% ... %> sections: 0
      Number of HTML comments: 0

Number of validator comments: 1
             Number of errors: 25
           Number of warnings: 0

- - - - - - - - - - - - - - - - - - - - - - - - - - - - - - - - - - -

  1: <html>
  2: <head>
  3: <title>An Experiment in Style - An Innovative Use of Tables</title>
  4: </head>
  5:
  6: <BODY BGCOLOR="#FFFDFD">
  7: <A NAME="toptarget"></A>
  8: <HR>
  9:
 10: <CENTER>
 11: <FONT SIZE=7>An Experiment in Style</FONT>
 12: </CENTER>
 13:
 14: <FONT SIZE=2>
 15: <B>
 16: <TABLE WIDTH=100%>

Error number 1 for tag beginning in line 16:
The attribute value "100%" for the attribute "WIDTH"
was not enclosed in double quotation marks when it must
be.
```

```
  17: <TR><TD WIDTH=50% ALIGN=left><B>October 29, 1995<BR>Volume 1,
Number 1</TD>

Error number 2 for tag beginning in line 17:
The attribute value "50%" for the attribute "WIDTH" was
not enclosed in double quotation marks when it must be.

Error number 3 for tag beginning in line 17:
The closing tag for "TD" was found, but it should have
been preceded by the closing tag for "B" which was
opened in line 17 (nesting error).

[...]

27: <P>
  28: <IMG SRC="ot.gif" HEIGHT=20 WIDTH=30 ALIGN=left>ne of the
[...]
Paraphrasing Edwin Tufte from an article in 'Wired' magazine,
 <BLOCKQUOTE><I>&QUOT;It's difficult to determine what is good
design and what is not... ...however, a good design has the
quality of revelation about it.&QUOT;</I></BLOCKQUOTE> What I've
[...]
Error number 10 in line 28:
The character entity "&QUOT;" was found in the HTML
Configuration, but its category was not active or its
case did not match. Character entities are case
sensitive.
[...]
74: </TABLE>

Error number 21 for tag beginning in line 74:
The closing tag for "TABLE" was found, but it should
have been preceded by the closing tag for "TD" which
was opened in line 73 (nesting error).
```

```
Error number 22 for tag beginning in line 74:
The closing tag for "TABLE" was found, but it should
have been preceded by the closing tag for "TD" which
was opened in line 25 (nesting error).

Error number 23 for tag beginning in line 74:
The closing tag for "TABLE" was found, but it should
have been preceded by the closing tag for "TR" which
was opened in line 25 (nesting error).

  75: </CENTER>

Error number 24 for tag beginning in line 75:
The closing tag for "CENTER" was found, but the tag was
never opened or has been closed too many times.
Error number 25 in line 80:

Terminating validation due to too many errors! Please
correct the previous errors and revalidate the
document.

  81: </html>

Comment number 1:
You can ignore the nesting errors by turning off the
option to check HTML tag nesting. This option is in CSE
3310 HTML Validator's Program Options Dialog Box.
```

Comme on peut le constater, un grand nombre d'erreurs proviennent de l'oubli de guillemets autour des valeurs données aux attributs et presque toutes les autres viennent de marqueurs mal imbriqués. Ce qui prouve combien est grande l'indulgence des navigateurs ! Une autre erreur, plus rare, est d'avoir mal orthographié une entité de caractère

(" au lieu de "). Lassé de tant d'erreurs, on voit que le vérificateur a finalement abandonné le travail.

Un autre type d'erreur, fréquent chez les Européens, nous est révélé par le diagnostic suivant obtenu sur un autre document HTML, celui de la présidence de la République :

```
13: <meta name="GENERATOR" content="Microsoft FrontPage 2.0">

14:

15: <title>Le Président : Son portrait</title>

Error number 1 in line 15:
High ASCII characters found. HTML documents should not
contain ASCII characters with ASCII values greater than
127.
```

Mais, cette fois, la responsabilité en incombe entièrement à Microsoft, dont l'éditeur de luxe, FrontPage, comme nous l'avons signalé au Chapitre 6, n'effectue pas la traduction des caractères accentués en entités de caractères. On peut désactiver la vérification des caractères accentués au moyen d'une boîte de dialogue richement pourvue en options et que reproduit la Figure 13.5. Mais alors, on ne sait plus trop à quel niveau de conformité on opère la vérification.

Nul n'est épargné. CompuServe lui-même n'y échappe pas :

```
11: La <FONT COLOR="#ffaz00"><B>Clé Virtuelle</B></FONT> est
basée sur une technologie exclusive
développée par CompuServe : RPA

Error number 1 for tag beginning in line 11:
The attribute "COLOR" has an invalid attribute value
"#ffaz00".
```

Program Options

File Options

Default HTML configuration file:

D:\valida\cse\htmlval.cfg · Browse...

Output file:

D:\valida\cse\output.txt · Browse...

Output viewer:

notepad.exe · Browse...

[Close] [Save] [Help]

Program Checkbox Options

- [ ] Don't use output file; use .val files
- [ ] Never open viewer with .val files
- [✓] Always open viewer after check
- [ ] Open viewer maximized
- [ ] Autosave configuration
- [✓] Autosave program options
- [✓] Tools create .bak files

Validator Checkbox Options

- [✓] Check HTML tag nesting
- [✓] Check for high ASCII characters
- [✓] Include HTML document in output
- [✓] <!-- ... --> Strict comments
- [✓] Enable comment warnings
- [ ] Allow spaces around '='
- [ ] Allow multi-line quotes
- [✓] Show validator comments
- [ ] Messages at bottom
- [✓] Enable warnings
- [ ] Tag range always valid
- [✓] Validate entities
- [ ] Allow double quote in text
- [✓] Ignore text in <% ... %>
- [✓] Require opt. closing tags

Convert Text File Format Tool Converts To

(•) MS-DOS (CR/LF)   ( ) Macintosh (CR)   ( ) UNIX (LF)

**Figure 13.5 : Boîte de dialogue permettant de définir
avec minutie les critères de vérification.**

D'un autre côté, certaines erreurs signalées paraissent l'être
à tort, comme celle-ci :

```
31: <LI>d'offrir à nos partenaires sur Internet un large
auditoire et permettre l'exclusivité à nos abonnés,
32:
33: <LI>aux entreprises de mettre en place des sites Web
sécurisés pouvant être accédés une fois l'authentification du
visiteur validée et vérifiée.
34:
35: </ul>

Error number 5 for tag beginning in line 35:
```

```
The closing tag for "ul" was found, but it should have
been preceded by the closing tag for "LI" which was
opened in line 33 (nesting error).
```

C'est une fausse erreur, comme le prouve l'exemple suivant tiré du document officiel du W3C précédemment cité.

```
Unordered lists take the form:
<UL>
  <LI> ... first list item
  <LI> ... second list item
  ...
</UL>
```

Mais il y a pire : cet outil de validation ne reconnaît pas la déclaration DOCTYPE, comme en témoigne l'extrait ci-dessous :

```
1: <!DOCTYPE HTML PUBLIC "-//W3C//DTD HTML 3.2//EN">
2: <HTML>

Error number 1 for tag beginning in line 2:
The tag name "HTML" must be closed but the closing tag
was not found.
```

Sur le document de référence du W3C cité plus haut, il décèle 25 erreurs. En revanche, il laisse passer l'erreur suivante :

```
41: <TD COLSPAN="2""><A HREF=".htm"><IMG SRC="menu5.gif" BORDER=0></A></
TD>
```

où deux guillemets se suivent à tort dans le marqueur initial <TD>.

HTML Validator de Spyglass

C'est un freeware dont l'éditeur est Spyglass et qui peut vérifier un document HTML selon plusieurs niveaux de conformité et, en particulier, HTML 2.0 et HTML 3.2. La Figure 13.6 montre comment se présente son écran. Grâce au bouton Options, on peut afficher une boîte de dialogue (illustrée par la Figure 13.7) qui permet de choisir le niveau de spécification pour la validation. Si le document à vérifier comporte une déclaration DOCTYPE, elle aura priorité sur ce choix.

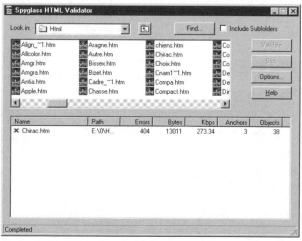

Figure 13.6 : Ecran de travail de HTML Validator de Spyglass.

Une fois sélectionné le document à vérifier au moyen de la boîte de sélection affichée en permanence dans le haut de l'écran, on double-clique sur son nom, ce qui lance la vérification. On voit sur la Figure 13.6 que le nombre d'erreurs est affiché dans la colonne Errors. Il est généralement considérable, ce qui fait qu'on peut difficilement s'y fier. En effet, personne n'écrit rigoureusement comme le voudraient les spécifications HTML et les navigateurs s'en accommodent fort bien. Pour en avoir le coeur net, nous avons soumis à ce vérificateur le document du W3C cité plus haut et qui définit la spécification HTML 3.2. Nous avons obtenu 22 erreurs. En double-cliquant sur le nom du fichier dans la ligne de résultat, nous avons obtenu l'affichage des erreurs (Figure 13.8).

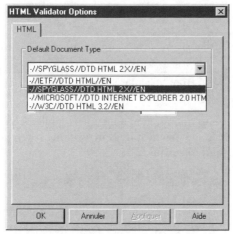

Figure 13.7 : Quatre spécifications HTML peuvent être utilisées par défaut.

Pour en avoir le coeur net, nous avons supprimé la déclaration DOCTYPE placée en tête du fichier et qui stipulait "HTML 3.2" et nous avons demandé une vérification selon HTML 2.0 au moyen du bouton Options. Cette fois, aucune erreur n'a été décelée. Bizarre !

```
Spyglass HTML Validation Report - Rec-ht~1.htm - [E:\0\HTML\REC-HT~1.HTM]      _ □ ×
File  Edit  Tools
Line  Col  Byte  Description
551   15   21...  there is no attribute 'WIDTH'
552   11   21...  there is no attribute 'WIDTH'
553   15   21...  there is no attribute 'WIDTH'
554   11   21...  there is no attribute 'WIDTH'
555   15   21...  there is no attribute 'WIDTH'
556   11   21...  there is no attribute 'WIDTH'

originally picked as being the standard 16 colors supported with the
Windows VGA palette.</p>

<table align=center width="80%" border=0 cellspacing=10 cellpadding=0>
<caption><b>Color names and sRGB values</b><br></caption>
<tr><td width=16><img src="images/black.gif"><td>Black   = "#000000"
<td width=16><img src="images/green.gif"><td>Green   = "#008000"<br></tr>
<tr><td width=16><img src="images/silver.gif"><td>Silver  = "#C0C0C0"
<td width=16><img src="images/lime.gif"><td>Lime    = "#00FF00"<br></tr>
<tr><td width=16><img src="images/gray.gif"><td>Gray    = "#808080"
<td width=16><img src="images/olive.gif"><td>Olive   = "#808000"<br></tr>
<tr><td width=16><img src="images/white.gif"><td>White   = "#FFFFFF"
<td width=16><img src="images/yellow.gif"><td>Yellow  = "#FFFF00"<br></tr>
<tr><td width=16><img src="images/maroon.gif"><td>Maroon  = "#800000"
<td width=16><img src="images/navy.gif"><td>Navy    = "#000080"<br></tr>
<tr><td width=16><img src="images/red.gif"><td>Red     = "#FF0000"
<td width=16><img src="images/blue.gif"><td>Blue    = "#0000FF"<br></tr>
<tr><td width=16><img src="images/purple.gif"><td>Purple  = "#800080"
<td width=16><img src="images/teal.gif"><td>Teal    = "#008080"<br></tr>
<tr><td width=16><img src="images/fuchsia.gif"><td>Fuchsia = "#FF00FF"

Ready                                                               Line 552, Col 70
```

**Figure 13.8 : HTML Validator de Spyglass trouve 22 erreurs
dans le document de référence du W3C !**

Un bon point, quand même : les deux guillemets consécutifs ont bien été diagnostiqués mais d'une façon pratiquement incompréhensible :

```
an attribute specification must start with a name or a name token
```

D'autres tests nous ont confirmé que ce programme fournissait des résultats difficiles à exploiter parce qu'on ne parvenait pas à discerner quelles étaient les véritables erreurs parmi les entorses sans conséquence aux règles formelles de HTML.

Bien que ce soit un programme gratuit, nous n'en conseillons pas l'utilisation.

Infolink

C'est un vérificateur de liens et non plus de style auquel on indique l'URL du site à vérifier. Infolink peut tester les liens internes ou les liens externes ou les deux et établir un rapport en forme de document HTML qu'on peut afficher ensuite. La Figure 13.9 montre comment se présente son interface utilisateur au cours de la vérification de tous les liens d'un site consacré aux cybercafés. Le test peut prendre un certain temps, selon le nombre de liens à vérifier. Ici, on voit qu'il y en avait 139. La Figure 13.10 présente un extrait du rapport de vérification, examiné ensuite localement.

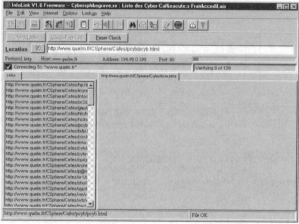

Figure 13.9 : L'interface utilisateur d'Infolink.

Lorsqu'une présentation comporte d'assez nombreux liens vers l'extérieur (généralement regroupés sous une rubrique du genre "Mes sites favoris"), on devrait normalement effectuer cette vérification au moins tous les mois afin de s'assurer que toutes les URL citées sont toujours valables.

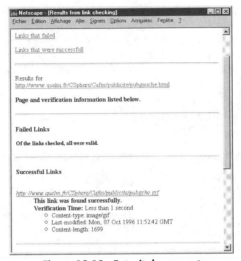

**Figure 13.10 : Extrait du rapport
de vérification établi par Infolink.**

Les vérificateurs à distance

Plutôt que de vérificateurs, on devrait parler ici de services
de validation ou de vérification. Le principe consiste à se
connecter sur le site qui offre ce service et à lui soumettre
l'URL du site à vérifier. Certains services acceptent aussi de
tester du code HTML qu'on peut leur soumettre au moyen
d'un couper/coller dans une zone de type <TEXTAREA> du
formulaire qu'ils proposent à cet effet.

KGV (A Kindler Gentler HTML Validator)

C'est un logiciel écrit par Gerald Oskoboiny, de l'université
d'Alberta, au Canada, qui a été récemment mis à jour pour
supporter les DTD les plus récentes. Il faut que la page

d'accueil de l'URL soumise contienne une déclaration
DOCTYPE qui, pour la DTD 4.0, par exemple, se présente
ainsi :

```
<!DOCTYPE HTML PUBLIC "-//W3C//DTD HTML 4.0 Draft//EN">
```

> On appelle *DTD* le document qui rassemble les spécifications
> HTML d'un niveau déterminé.

Faute de quoi, par défaut, ce sont, comme il se doit, les
spécifications HTML 2.0, actuellement largement dépas-
sées dans la pratique, qui seront prises comme référence.
On risque dans ce cas d'obtenir des diagnostics inutiles. La
Figure 13.11 montre comment se présente la page d'accueil
de KGV.

Figure 13.11 : Page d'accueil de KGV.

Weblint

Ce service, proposé par Unipress, est normalement payant et on peut s'y abonner moyennant 17 dollars par an. Mais on peut aussi vérifier gratuitement les 2 048 premières lignes de n'importe quelle présentation. La Figure 13.12 montre les diagnostics qui résultent de la soumission d'une vingtaine de lignes d'un court essai. Le moins qu'on puisse faire est de s'étonner, car de tous les diagnostics donnés, un seul est correct : le dernier, les troisième et quatrième étant acceptables. Peut-être obtient-on un meilleur résultat lorsqu'on paye, mais nous en doutons.

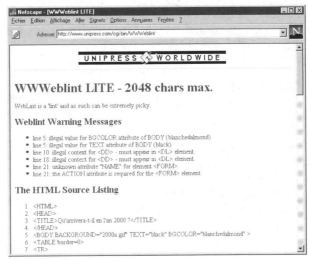

Figure 13.12 : Surprenants diagnostics fournis par Weblint.

Utilité de ce type de vérification _____

Nous pensons avoir montré que le principe de la vérification de la syntaxe était important et que le test périodique des liens (et surtout des liens externes) était une besogne qu'il fallait prendre au sérieux si on ne voulait pas passer pour un auteur négligent. Mais, d'un autre côté, les quelques essais que nous avons montrés prouvent que les outils de vérification se comportent trop souvent comme les compilateurs : ils donnent des diagnostics mais ceux-ci sont peu compréhensibles ou carrément à côté de la plaque. Il ne faut donc pas prendre ceux-ci au pied de la lettre, mais les considérer plutôt comme des incitations à voir de plus près le code signalé comme erroné.

Or, ce que demande l'auteur Web, ce sont des informations qui lui permettraient de s'assurer qu'un document HTML sera perçu de façon à peu près correcte par le maximum de navigateurs. Heureusement que ceux-ci sont très tolérants ! L'utilité de ces vérificateurs est sans doute plus importante pour des présentations professionnelles que pour des "travaux d'amateur" pour lesquels le visiteur sera davantage enclin à faire preuve d'indulgence.

Bien sûr, il serait téméraire de tirer une conclusion définitive à partir d'un aussi petit nombre d'essais. Aussi, le seul conseil que nous vous donnons est d'éviter d'investir dans l'achat d'un de ces logiciels. Utilisez les freewares (encore que l'essai n'est guère concluant) ou les sharewares pendant leur période d'essai. Le mieux est peut-être encore de relire très soigneusement votre copie avant de la transférer sur le serveur qui va l'héberger.

*Pour en savoir davantage*_____

- ■ HTML Validator d'Albert Wiersch : `http://htmlvalidator.com`

- ■ HTML Validator de Spyglass : `http://www.spyglass.com/products/`

- ■ Infolink : `http://www.bigbyte.com`

- ■ KGV : `http://ugweb.cs.ualberta.ce/~gerald/validate.cgi`

- ■ Weblint : `http://www.unipress.com/cgi-bin/WWWeblint`

- ■ Validation Suites : `http://www.ccs.org/validate`

- ■ HTMLcheck slovène : `http://www.ijs.si/cgi-bin/htmlcheck`

- ■ Autres informations sur les services de validation : `http://www.hwg.org/resources/html/validation.html`

- ■ Le catalogue TUCOWS des outils de vérification et de validation : `http://tucows.via.ecp.fr/htmlval95.html`

CHAPITRE 14

Le transfert
de vos fichiers
sur le serveur

Une fois votre présentation Web écrite, vérifiée et testée, il vous reste à la transférer sur le serveur qui va l'héberger. Certains éditeurs HTML comme FrontPage (Microsoft) contiennent le logiciel nécessaire pour effectuer automatiquement le transfert ou la mise à jour d'une présentation Web. Néanmoins, nous pensons que pour une présentation personnelle, mieux vaut procéder par la méthode classique du FTP que la quasi totalité des utilisateurs de l'Internet a déjà eu (ou aura) l'occasion de pratiquer. On a ainsi plus de souplesse et la simplicité de structure des pages personnelles s'accommode fort bien de ce procédé que d'aucuns pourraient trouver un peu fruste (ce qui risquerait de les frustrer !).

La pratique du FTP

FTP signifie *File transfer protocol*. C'est un protocole de transfert de fichiers universellement utilisé sur l'Internet.

Pour transférer des fichiers dans un sens ou dans l'autre, nous vous recommandons plus particulièrement le shareware "client FTP" WS_FTP, qui est à la fois simple, puissant et d'une utilisation facile car intuitive. Il en existe des versions professionnelles et d'autres, dites "limitées", mais qui, néanmoins, suffisent amplement pour l'usage courant. Pour Windows 3.x, il faut choisir WS_FTP.ZIP, et pour Windows 95, WS_FTP32.ZIP.

Installation de WS_FTP

Sous Windows 95, le fichier compacté s'appelle WS_FTP32.ZIP. Après l'avoir "dézippé", on exécutera INSTALL.EXE, et on choisira l'option WS_FTP95. La première fois qu'on le lance, il faut définir quelques paramètres de configuration, mais la plupart peuvent être laissés à leurs valeurs par défaut.

> **Alors que la langue anglaise dispose de deux mots pour désigner le transfert de fichier entre un client et un serveur (*uploading* : vers le serveur ; *downloading* : à partir du serveur), la langue française est pour une fois prise en défaut : nous n'avons que le seul mot *téléchargement* et il faudra éventuellement lever l'ambiguïté en indiquant le sens de l'opération.**

ATTENTION

Commencez par faire disparaître l'écran de connexion (Session Prolfile) en tapant <Escape> ou en cliquant sur Cancel. Cliquez ensuite sur le bouton Options de la rangée du bas de la fenêtre, puis sur Program Options, ce qui a pour effet d'afficher l'écran correspondant, reproduit sur la Figure 14.1, dans lequel vous renseignerez les trois boîtes de saisie du milieu.

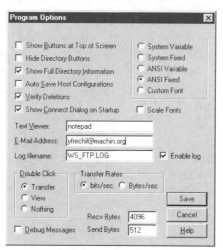

Figure 14.1 : Le menu des options générales de WS_FTP.

Dans Text Viewer, indiquez `notepad` (s'il n'y figure pas déjà), ce qui correspond au petit éditeur de textes Bloc Notes de Windows. En dessous, dans la boîte de saisie `E-Mail Address`, tapez votre adresse *e-mail*. Vous pouvez conserver `WS_FTP.LOG` comme nom par défaut du fichier dans lequel sera loggé le détail des transactions. Terminez en cliquant sur le bouton Save puis refermez la fenêtre de configuration en cliquant sur le bouton Exit.

Etablissement de la connexion initiale

La Figure 14.2 montre comment se présente l'écran de connexion. Il faut indiquer dans la boîte de saisie Hostname l'adresse Internet du serveur (sans indication de protocole puisqu'ici ce n'est pas comme avec un navigateur, on ne peut faire que du transfert de fichiers). Par exemple : `ftp:mygale.org`. Vous pouvez aussi la choisir dans la liste déroulante Profile name parmi celles des serveurs précédemment utilisés. Comme on ignore généralement quel type de système est installé sur le serveur, le mieux est de conserver tel quel le contenu de la fenêtre Host Type. Dans la boîte de saisie User ID indiquez votre nom d'utilisateur tel qu'il a été créé par l'administrateur du serveur ainsi que votre mot de passe qui ne sera jamais `anonymous` puisqu'on est ici dans un répertoire personnel et non pas dans un répertoire public. Enfin, dans la zone Initial repertories, il faut indiquer le nom de votre répertoire sur le serveur suivi du nom de votre répertoire sur votre propre machine où se trouvent les fichiers à transférer.

La première fois qu'on se connecte sur un site FTP, après avoir soigneusement vérifié ces indications et contrôlé que la case placée devant Anonymous login n'est pas cochée, on clique sur le gros bouton Save, ce qui permettra de retrouver ultérieurement les indications saisies. Il ne restera plus qu'à lancer la connexion sur le fournisseur d'accès, même si le serveur Web qu'on veut utiliser n'est pas le même. La connexion établie, on pourra cliquer sur le bouton OK pour lancer la connexion sur le serveur (à travers le fournisseur d'accès s'ils sont distincts).

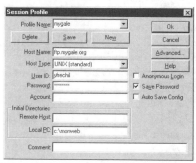

Figure 14.2 : Ecran de connexion de WS_FTP.

Lorsque la liaison FTP est réalisée, l'écran reproduit sur la Figure 14.3 s'affiche. Dans la partie gauche sont listés les fichiers de votre répertoire local ; dans la partie droite ceux du répertoire attribué sur le serveur.

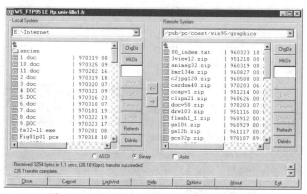

Figure 14.3 : L'écran de travail de WS_FTP.

Fonctions annexes d'un client FTP

Outre un transfert de fichiers dans un sens ou dans l'autre (client vers serveur ou serveur vers client), vous pouvez accéder à vos fichiers pour changer leur nom, les supprimer ou en lister le contenu, qu'ils soient sur votre propre machine ou sur celle du serveur. Bien entendu, sur ce dernier, vous devrez avoir les droits d'accès nécessaires, ce qui sera toujours le cas si vous travaillez dans le répertoire qui vous a été alloué. Son nom dépend de la façon dont la machine est administrée. Cela pourra être, par exemple, /~dupont ou bien /04/dupont. Généralement, votre hôte vous propose une FAQ dans laquelle vous trouverez tous les renseignements nécessaires. Sinon, vous devrez le contacter, de préférence par *e-mail*, sinon par téléphone.

NOUVEAU

Une FAQ (*Frequently asked questions* ou, en français, *foire aux questions*) est un fichier texte contenant les questions les plus fréquemment posées sur un sujet donné, accompagnées des réponses appropriées.

Suppression d'un fichier

Pour effacer un fichier, il suffit de le sélectionner en cliquant dessus, puis de cliquer sur le bouton Delete. Par prudence, une confirmation vous sera demandée (Figure 14.4).

ATTENTION

Pour des raisons de sécurité, beaucoup de fournisseurs d'accès interdisent le stockage sur leur disque dur de fichiers ayant l'attribut d'exécution, ce qui ne gêne en rien l'installation d'une présentation Web normale, à l'exclusion, toutefois, de scripts CGI ou autres programmes destinés à interpréter des données transmises par formulaire (pour plus de détails, consultez le Chapitre 11).

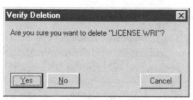

Figure 14.4 : Demande de confirmation de suppression de fichier.

Changement du nom d'un fichier

Après avoir sélectionné le fichier, une boîte de dialogue vous demandera d'indiquer le nouveau nom à lui donner (Figure 14.5). Il ne vous restera plus ensuite qu'à cliquer sur OK, ou sur Cancel si vous avez changé d'avis.

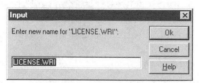

Figure 14.5 : Demande de confirmation du changement de nom d'un fichier.

Visualisation du contenu d'un fichier

Vous pouvez aussi visualiser le contenu d'un fichier texte. Après l'avoir sélectionné, cliquez sur le bouton View. Le programme utilisé pour cela aura été auparavant défini une fois pour toutes dans le volet Program options, comme nous l'avons dit à propos de l'installation de WS_FTP. Cette façon d'opérer n'est pas recommandée. Mieux vaut rapatrier le fichier qui vous intéresse sur votre machine puis l'examiner tranquillement plus tard, une fois la connexion coupée. Vous réaliserez ainsi d'appréciables économies sur votre facture France Télécom.

Transfert de fichiers

Nous supposerons que vous voulez envoyer un fichier vers votre serveur. Pour cela, une fois la connexion établie, sélectionnez le fichier à envoyer dans la fenêtre de gauche et cliquez sur l'un des deux boutons centraux : celui qui porte une flèche vers la droite. Selon le système utilisé, si le fichier existait déjà, confirmation pourra vous être demandée (ce n'est pas le cas si le serveur tourne sous UNIX, ce qui est le plus fréquent).

En général, on peut conserver tel quel le bouton radio qui est coché au-dessus de la rangée du bas des boutons (ASCII, Binary, Auto). Le seul cas où il faudrait cocher d'autorité le bouton ASCII serait celui du transfert d'un fichier texte non compressé entre des systèmes différents. Par bonheur, avec les fichiers HTML (qui sont de ce type), tout se passe bien sans qu'il soit nécessaire d'intervenir.

Transfert avec changement de nom

On peut effectuer un transfert avec changement de nom. Cette option sera particulièrement utile dans deux cas :

■ Partant d'un environnement de type Windows où majuscules et minuscules sont confondues, on veut être certain que tous les noms des fichiers situés sur le serveur seront écrits en minuscules.

■ On veut changer l'extension des noms de fichier de .HTM en .html. Notons que ce n'est absolument pas indispensable, sauf si l'administrateur système du serveur qui vous héberge vous y contraint.

Pour cela, on devra modifier l'une des options de configuration. Après avoir cliqué sur le bouton Options de la rangée du bas, on cliquera sur la deuxième option : Session Options, ce qui aura pour résultat d'afficher la fenêtre reproduite sur la Figure 14.6, et on cochera la case placée devant l'option Prompt for Destination File Names. On terminera en cliquant sur le bouton Save de cette fenêtre puis sur le bouton Exit de la fenêtre précédente.

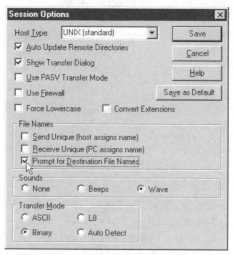

Figure 14.6 : La fenêtre Session options.

Lorsqu'on voudra effectuer un transfert, la fenêtre reproduite sur la Figure 14.7 s'affichera. Il suffira alors d'éditer le nom du fichier source pour qu'il soit conforme au nom sous lequel on veut qu'il soit stocké sur le serveur.

Figure 14.7 : On peut faire simultanément un transfert et un changement de nom de fichier.

Transferts multiples simultanés

Pour transmettre plusieurs fichiers, il y a deux façons de procéder :

■ Si les noms de vos fichiers apparaissent en séquence dans la fenêtre, cliquez sur le premier, appuyez sur <Maj> et, avec la touche <Flèche vers le bas>, descendez progressivement jusqu'à ce que vous ayez ainsi sélectionné tous les fichiers à transférer. Vous pouvez aussi, après avoir cliqué sur le premier nom, appuyer sur <Maj> puis cliquer sur le dernier de la liste. Cliquez ensuite sur le bouton central approprié.

■ Si les noms de vos fichiers ne se suivent pas, cliquez sur le premier, appuyez sur <Ctl> et, avec la souris, cliquez sur les noms des fichiers à transférer. Cliquez ensuite sur le bouton central approprié.

Lors du transfert de chaque fichier, une petite fenêtre s'affiche, vous indiquant au moyen d'un curseur la progression de la transmission. Dans le cas de fichiers HTML, généralement de petite taille, vous aurez à peine le temps de la voir, sauf pour les images de grande taille.

> Le débit affiché dans cette fenêtre est exprimé en octets par seconde et se situe entre 2 et 3 Ko/s selon la charge du serveur et celle de la liaison Internet.

ATTENTION

Mettre fin à la transmission

Une fois ces manipulations terminées, vous pouvez quitter WS_FTP en cliquant sur le bouton Exit, en bas et à droite de la fenêtre. Cela ne met pas fin à la connexion avec votre fournisseur d'accès. Vous pouvez ensuite appeler tel ou tel programme qu'il vous plaira (courrier électronique ou navigateur, par exemple).

Nom du fichier de la page d'accueil _____

Lorsqu'une URL ne se termine pas par un nom de fichier (`http://www.monserveur.fr/dupont/`, par exemple), la plupart des serveurs recherchent un nom par défaut qui est généralement `index.htm` ou `index.html`. Mieux vaut cependant ne pas se fier à ce type d'option et **toujours** préciser un nom de fichier. A moins, naturellement, que le serveur qui hébergera votre présentation (et qui n'est pas nécessairement votre fournisseur d'accès, comme nous l'avons précisé) ne vous impose un nom particulier - ce qui est rare. Hormis ce cas particulier, le nom à donner est laissé au choix de l'auteur, mais il est évident qu'il doit évoquer le sujet traité. Au passe-partout `accueil.htm`, préférez donc `vistemboir.htm` si votre présentation traite de ce sympathique gadget.

Autre question, doit-on suffixer ses fichiers par l'extension `.htm` ou par l'extension `.html` ? Ici encore, en dehors de toute obligation imposée par celui qui vous héberge, faites donc à votre gré. L'auteur de ces lignes a installé sur le serveur UNIX d'un établissement public, à partir d'une machine tournant sous Windows, une présentation dont tous les fichiers avaient `.htm` sans rencontrer aucun problème. Pour ceux qui travaillent sous Windows 3.x ou qui utilisent d'anciens logiciels d'édition HTML ne reconnaissant que des extensions à trois caractères, cela leur évitera de devoir effectuer à chaque fois le changement de nom lors du transfert (et d'oublier de le faire).

Autre logiciel de client FTP

Toujours sous Windows, il existe un autre logiciel de client FTP qui, pour nous, rivalise en qualité avec WS_FTP : c'est CuteFTP, de Alex Kunadze, dont la Figure 14.8 reproduit l'écran initial.

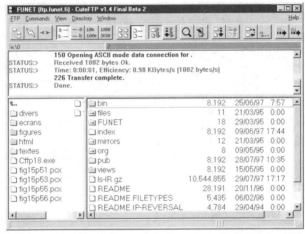

Figure 14.8 : L'écran d'accueil de l'excellent client FTP CuteFTP.

Adresses utiles

■ Site de WS_FTP : http://www.ipswitch.com

■ John Junod, auteur de WS_FTP : http://www.cara.net/junodj/

■ Pour se procurer CuteFTP : ftp://funet.fi/pub/win-nt/winsock:FTP/cuteftp32-14fb7.zip

CHAPITRE 15

Comment se faire connaître et mesurer son audience

Une fois votre présentation terminée, vérifiée et publiée sur le serveur que vous avez choisi, ce n'est pas encore fini. Il faut, en effet, trouver un moyen de faire savoir au monde qu'elle existe, de quoi elle parle et où on peut la voir. Bien sûr, vous pouvez en parler à vos amis et connaissances qui, à leur tour... Mais, de cette façon, votre rayonnement restera confidentiel et ce n'est sans doute pas cela que vous recherchez. Nous allons voir qu'il existe des moyens plus efficaces pour la diffuser.

Les moyens simples _____

Il faut songer à des moyens de communication électronique susceptibles d'être lus ou vus par le plus grand nombre. Les deux premiers qui viennent à l'idée sont le courrier électronique et les news. En outre, il ne faut pas oublier le référencement mutuel.

Le courrier électronique

Un peu comme ces bandeaux publicitaires qu'on voit de plus en plus dans les pages d'accueil sur le Web, vous pouvez ajouter à votre fichier de signature deux lignes sur votre présentation ; quelque chose comme :

```
Jules-Henri Dupont
Auteur de la célèbre page sur les vistemboirs
http://www.monserveur.fr/~dupont/vistem.htm
```

Sur du courrier privé, c'est-à-dire destiné à un seul destinataire nommément désigné, cela ne sera guère mieux que le bouche à oreille. Mais, si vous êtes abonné à une ou plusieurs listes de diffusion, cela va élargir de façon très appréciable le nombre de personnes qui vont recevoir cette information. Et si, à leur tour, pour y répondre, ils citent votre message sans l'éditer, cela va faire boule de neige. Boule de neige modeste, certes, mais c'est déjà appréciable.

Les news

A priori, rien ne vous empêche d'annoncer votre site dans n'importe quel groupe traitant plus ou moins du sujet que vous abordez. Mais il faut procéder ici avec discernement car les usagers des news sont souvent très à cheval sur la netiquette.

> On appelle *netiquette* l'ensemble des règles d'usage qu'il faut respecter lorsqu'on *poste* sur les news. Le mot *netiquette* est formé de la contraction des mots *net* pour *network* (réseau) et *etiquette* (sans accent, emprunt au français).

NOUVEAU

Les groupes non spécialisés

Il y a ici deux façons de faire : d'abord, comme pour le courrier électronique, modifier votre fichier de signature. Mais vous pouvez aussi poster un message spécifiquement écrit pour la circonstance. Quelque chose dans ce genre :

```
Savez-vous ce qu'est un vistemboir ?
Jusqu'a present, il etait difficile d'avoir
des informations sur le sujet. Mais, maintenant,
grace a mon site web, tout le monde peut tout
savoir sur ce gadget passionnant.

La page des vistemboirs se trouve a l'URL
http://www.monserveur.fr/~dupont/vistem.htm
```

Vous aurez remarqué deux absences :

■ Il n'y a aucun caractère accentué, de façon à pouvoir être lu et compris de tous, même de ceux qui n'ont pas su configurer correctement leur lecteur de news.

■ Il n'y a pas de signature. Non par souci d'anonymat (votre identité se retrouve dans l'en-tête du message) ou de modestie mais parce que ce n'est pas sur ce point qu'il faut concentrer l'intérêt du message.

La question la plus importante est de savoir dans quel groupe de news vous devez poster ce message. Surtout, n'arrosez pas inconsidérément, vous vous feriez accuser de *spam* et vilipender en conséquence, ce qui aurait l'effet exactement inverse de celui que vous recherchez : les gens se détourneraient de votre présentation.

Si votre présentation est en français, annoncez-la de préférence sur les groupes des hiérarchies francophones : `fr.`, `be.`, `ca.`, par exemple. Si vous en avez une version anglaise, ratissez plus large. Mais de toute façon, choisissez un groupe dans lequel elle ne risque pas de se trouver comme un chien dans un jeu de quilles. Si vous n'en trouvez pas, rabattez-vous sur un groupe dont le nom se termine par `.misc`.

Dans les groupes de langue anglaise (le reste du monde), votre texte devra être rédigé en anglais. N'oubliez pas que les Anglo-saxons et les non-francophones comprenant l'anglais constituent l'essentiel de la population surfeuse.

> **ATTENTION**
>
> En cas de doute, évitez fr.soc.divers, qui est le Café du Commerce de l'Internet. Ses excès verbaux font fuir tous les gens raisonnables.

Les groupes spécialisés

Mais il y a mieux. Dans les groupes de news français, il en existe plusieurs consacrés explicitement au Web, parmi lesquels la netiquette demande que seuls les deux groupes suivants soient utilisés pour les annonces :

- `fr.comp.infosystemes.www.annonces` est destiné aux annonces de sites créés par des organismes publics ou privés, des associations d'utilisateurs ou des particuliers.

- `fr.comp.infosystemes.www.pages-perso` semble principalement destiné aux annonces faites par des particuliers.

La Figure 15.1 montre le type de bonne annonce qu'on peut y trouver : c'est clair, bref et informatif. En revanche, pour savoir de quoi parle le site présenté par le message reproduit sur la Figure 15.2, il faut aller voir le sujet. Il devrait être rappelé dans le corps même du message car le sujet (astrologie, galerie, chats) n'est pas assez précis. A moins que ce site ne soit un fourre-tout dans lequel l'auteur ait voulu traiter plusieurs sujets à la fois. Ce type d'annonce est à éviter.

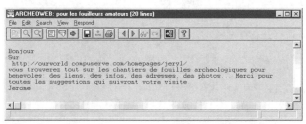

Figure 15.1 : Comment annoncer votre site Web dans les news.

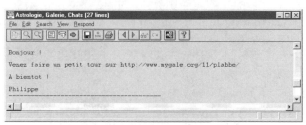

**Figure 15.2 : Comment ne pas annoncer
votre site Web dans les news.**

Le seul inconvénient d'une annonce dans ces groupes est précisément leur spécialisation. Il faut y aller exprès pour savoir quels sont les nouveaux groupes (et on y trouve d'ailleurs bien d'autres messages hors sujet) alors que dans des groupes non spécialisés sur le sujet du Web, la démarche publicitaire vise directement la "clientèle" intéressée par le sujet. Quelqu'un qui s'intéresse aux affiches de cinéma ira plus volontiers consulter `fr.rec.cinema.affiches` que `fr.comp.infosystemes.www.pages-perso`. C'est un peu comme si, passionné par les étiquettes de boîtes de camembert, vous passiez une petite annonce dans un quotidien généraliste au lieu de le faire dans *Le monde du collectionneur*.

Le référencement mutuel

Sans doute votre présentation se termine-t-elle par une page de "sites favoris" dans laquelle vous donnez les adresses de présentations que vous jugez intéressantes, soit en elles-mêmes, soit - le plus souvent - parce qu'elles traitent de sujets proches du vôtre. L'usage veut que l'on demande par *e-mail* à chacun des webmasters concernés l'autorisation de référencer son oeuvre. Forme de politesse, car nous ne pensons pas que quelqu'un pourrait refuser ce moyen de se faire connaître. Sauf peut-être si le sujet de votre présentation touche à un domaine marginal ou que vous professiez des idées opposées à celles de votre interlocuteur.

Une fois obtenue l'autorisation, vous remercierez son auteur et en profiterez pour insinuer que vous apprécieriez qu'il use de réciprocité. Ce sont là de petits services qui ne se refusent pas entre auteurs.

Les moyens spécialisés _____

Les moteurs de recherche comme Yahoo!, Lycos ou Altavista envoient constamment des automates programmés explorer le monde du Web. Ces robots fouineurs essaient de détecter toutes les nouveautés et, surtout, de les classer de la façon la plus exacte possible afin d'enrichir leurs bases de données. Mais on peut aussi s'inscrire volontairement auprès d'eux.

Les robots fouineurs

Il faut éviter que les robots fouineurs qui vous découvrent au cours de leurs pérégrinations vous inscrivent dans un moteur de recherche ou un annuaire sous une référence qui ne corresponde pas exactement à l'objet de votre site. Pour cela, il faut commencer par bien choisir le titre de votre présentation (<TITLE>) de façon qu'il soit évocateur et sans ambiguïté. Par précaution, évitez d'y mettre des caractères accentués et, plus généralement, des caractères nationaux ("ç", par exemple).

Ensuite, pensez à utiliser une ou plusieurs balises <META> pour définir le sujet de votre présentation grâce aux attributs NAME= et CONTENTS=. Le premier peut prendre, entre autres, les valeurs AUTHOR, DESCRIPTION et KEYWORDS. Le second reçoit la liste des noms descriptifs respectivement de l'auteur, du contenu et des mots clés de classement. En voici un exemple, dans le cadre d'une présentation qui serait consacrée à l'aquariophilie :

```
<HTML>
<HEAD>
<TITLE>Les poissons d'eau douce en aquarium</TITLE>
<META NAME="AUTHOR" CONTENTS="Jules-Henri Durand">
```

```
<META NAME="DESCRIPTION"
     CONTENTS="L'aquarium de poissons d'eau douce">
<META NAME="KEYWORDS" CONTENTS="Aquarium,poisson,
     fish">
</HEAD>
<BODY>
....
```

Evitez la dithyrambe dont témoigne la description suivante tirée d'un site faisant de la promotion pour un livre sur le Web :

```
<META NAME="description"
     CONTENT="Creating Killer Web Sites Online is the
              companion site to David Siegel's best selling book.
              If you want to learn how to create third-generation
              web sites, this site is a must see!">
<META NAME="keywords"
     CONTENT="web design, David Siegel, david siegel, design
              tips, design, html, photoshop tricks, html tools">
```

(*Creating Killer Sites Online* est le site associé au best-seller de David Siegel. Si vous voulez apprendre comment créer des sites Web de troisième génération, vous devez absolument le visiter !")

Vous remarquerez que dans la rubrique consacrée aux mots clés, le nom de l'auteur se retrouve deux fois, dont une écrit en minuscules. Tous les sujets abordés plus ou moins en profondeur se trouvent évoqués ici, et rien qu'avec des mots comme html le site va se faire référencer sous de nombreuses rubriques. Trop, peut-être.

Dernier exemple, plus ramassé, plus objectif, mais trop imprécis et ratissant beaucoup trop large, sur les logiciels de validation HTML :

```
<META NAME="author" CONTENT="Liam Quinn">
<META NAME="Keywords" CONTENT="links, validators, validation,
    WWW, Web, HTML, authoring">
<META NAME="Description" CONTENT="The Web Design Group's links to
    HTML validators and other document checkers.">
```

Ici encore - plus même que dans l'exemple précédent - les mots clés utilisés sont beaucoup trop génériques. authoring (tout ce qui concerne l'écriture) risque fort d'entraîner un référencement dans des catégories littéraires.

L'inscription volontaire

On pourrait s'inscrire auprès de chacun des moteurs de recherche existants, l'un après l'autre, mais ce serait une besogne fastidieuse et il y a mieux à faire. Il existe des services qui se chargent de ce type d'inscription. Certains sont gratuits, d'autres payants. Ces derniers offrent des prestations de niveau supérieur, mais pour une présentation personnelle, il est inutile de passer par eux. Nous allons vous en présenter trois, tous gratuits.

> Une fois que vous êtes inscrit auprès d'un moteur de recherche ou d'un annuaire, votre référencement n'est pas immédiat et il faut parfois attendre plus d'une semaine (voire un mois ou plus si l'un de ces catalogues est géré par un établissement universitaire et que vous tombez en pleine période de vacances) avant que vous n'apparaissiez dans ses listes.

ATTENTION

Sumit It

C'est un service situé aux Etats-Unis et qui offre deux types d'inscriptions : l'une payante (80 dollars pour deux URL) ; l'autre gratuite. Comme convenu, nous ne parlerons que de cette dernière. Elle propose de vous inscrire dans 20 "catalogues", dont certains ne sont pas parmi les plus connus (Apollo, Galaxy, InfoSeek, Lycos, Open Text, Starting Point, Yellow Pages, WebCrawler, Yahoo!...). Vous devrez renseigner un long formulaire (17 boîtes de saisie). La Figure 15.3 montre son écran d'accueil.

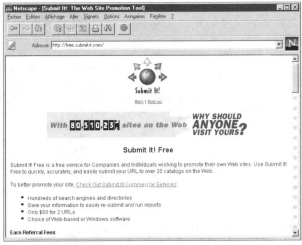

Figure 15.3 : Le service de référencement Submit It.

AddMe!

C'est un service américain qui se propose de vous référencer gratuitement dans 34 "web sites" populaires. La Figure 15.4 montre comment se présente sa page d'accueil.

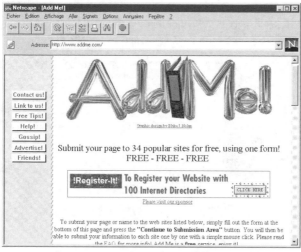

**Figure 15.4 : La page d'accueil du service
de référencement de AddMe!.**

Le Référenceur

Ce service propose deux formules : payante, avec inscription auprès de 300 (!) moteurs de recherche, et gratuite, avec seulement 10 inscriptions. Cette dernière formule est celle qui convient le mieux, naturellement, pour un site Web personnel qui sera inscrit auprès de six outils de recherche francophones (Echo, Ecila, Eurêka, Nomade, la Toile du

Québec, Webwatch) et quatre sites étrangers (Excite, Infoseek, Lycos, Webcrawler). La Figure 15.5 montre comment se présente sa page d'accueil.

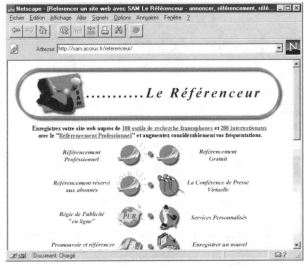

Figure 15.5 : La page d'accueil du service de référencement Le Référenceur.

Submit Hit

Contrairement à ce qu'on pourrait croire d'après son nom, c'est un produit français (auteur : Florent Mondolfo) qui n'est pas destiné à vous référencer auprès de moteurs de recherche ou d'annuaires mais simplement à vous proposer des liens vers ces services.

Si nous le citons ici, c'est surtout à cause des renseignements très bien faits et clairement présentés concernant les mécanismes de fonctionnement des moteurs de recherche ainsi que des excellents conseils prodigués pour s'y faire référencer dans les meilleures conditions.

Les bannières

C'est un autre moyen de référence mutuel ou, si l'on veut, d'échange de services. Un prestataire de service vous propose d'insérer trois lignes de code dans une ou plusieurs pages de votre site Web. Ces lignes appellent généralement un script CGI qui va charger dynamiquement une bannière (image publicitaire ayant généralement un format de 400 x 40 ou 400 x 60 pixels) ayant pour but de signaler l'existence d'un site personnel ou commercial en indiquant brièvement son objet. La Figure 15.6 montre une page sur laquelle on peut voir trois bannières. En cliquant dessus, on peut charger la page d'accueil de ce site. Le choix de la bannière affichée s'effectue selon des critères différents selon chaque prestataire. Par exemple, certains afficheront une fois sur deux une bannière de site commercial ou une bannière de site personnel. Autre critère d'affichage : plus votre présentation sera visitée et plus vous aurez de chances de voir votre bannière affichée dans les présentations d'autrui.

Figure 15.6 : Exemples de bannière.

On comprend comment ces prestataires de service peuvent exister : si le référencement des sites personnels est généralement gratuit, celui des sites commerciaux est payant. La Figure 15.7 montre comment se présente la page d'accueil de France HyperBanner qui propose ce type de service.

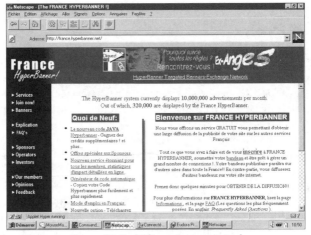

**Figure 15.7 : Référencement mutuel
par le système des bannières.**

Mesurer son audience : les compteurs d'accès

Une fois que vous êtes effectivement référencé par les meilleurs annuaires et moteurs de recherche, les "hits" devraient pleuvoir sur votre site. Comment le savoir ? La façon la plus simple est d'installer un compteur d'accès qui totalisera le nombre de visites. La Figure 15.8 montre comment s'affiche ce type de compteur (ici, on lit 9 781).

Le mécanisme de fonctionnement fait appel à un serveur (pas nécessairement celui sur lequel est hébergée la présentation). Dans le corps du document HTML de la page d'accueil se trouve le chargement d'une image externe se présentant ainsi :

```
<H3>Vous &ecirc;tes notre
<IMG SRC="/cgi-bin/counter?yfrechil&font=stencil&width=4">
&egrave;me visiteur depuis le 7 juin 1996</H3>
```

Figure 15.8 : Comment se présente un compteur d'accès.

On voit qu'il ne s'agit pas d'une véritable image mais d'un programme (`counter`), qui est ici installé chez le fournisseur d'accès hébergeant la page (c'est pourquoi il n'y a pas de véritable URL). L'exécution de ce programme va aller chercher le petit fichier qui contient votre compteur personnel et incrémenter son contenu d'une unité. Ce nombre sera ensuite converti en une image représentant des chiffres et celle-ci renvoyée au navigateur du client qui va l'afficher.

Voici un autre exemple, dans le cas du compteur proposé par Francité, qui est un compteur "secret", qui ne s'affiche pas, mais accumule des statistiques sur vos visiteurs, adresse

IP, date et heure de la visite, système d'exploitation et navigateur utilisés :

```
<A HREF="http://francite.com">
 <IMG SRC="http://francité.com/i3dpro/compteur.exe/compte?xxx"
 border="0"></A>
```

"xxx" est le numéro donné au compteur. Pour consulter ces statistiques (dont l'accès peut être protégé par un mot de passe), il suffit de se connecter sur Francité.

> **Si le serveur renfermant le compteur est en dérangement, le compteur ne sera pas affiché et la visite de votre site ne sera pas comptabilisée.**

Lorsque le compteur est installé sur un site lointain (outre-Atlantique, par exemple), il peut s'écouler un temps assez long avant qu'il ne s'affiche. C'est pourquoi, chaque fois que le site où est hébergée votre page vous le permet, il faut utiliser le compteur qu'il vous propose. Mais tous n'offrent pas cette facilité et, dès lors, on devra se rabattre sur un fournisseur extérieur de compteur d'accès. On trouvera les URL de quelques-uns d'entre eux à la fin de ce chapitre.

Soyez honnête !

Si votre compteur d'accès est sur votre page d'accueil et que celle-ci contient le menu de navigation auquel vous renvoient des pointeurs en bas de chacune de vos pages, il y a un risque d'incrémenter indûment le compteur chaque fois que le visiteur reviendra consulter le menu. Pour éviter cette malhonnêteté, la première idée qui vient à l'esprit est de structurer sa

ATTENTION

présentation avec des frames de façon que le menu de navigation soit affiché en permanence et qu'on n'ait donc jamais
besoin de recharger la page contenant le compteur. Si, pour
une raison ou une autre, on refuse cette solution, le mieux est
d'avoir une page d'accueil très courte, inaccessible autrement
que par un appel externe, et contenant juste un résumé de ce
qu'offre la présentation avec le compteur. Le menu de navigation se trouve alors sur la page suivante. Le seul lien sur lequel
pourra cliquer le visiteur conduira à cette page.

Les livres d'or _____

Parmi les services permettant de mesurer (qualitativement
ou quantitativement) l'audience d'un site, il existe des livres d'or, dans lesquels les visiteurs peuvent consigner leurs
impressions. Sur ce point, nous n'en voyons pas très bien
l'intérêt puisque, pour peu que vous ayez - comme vous le
devez - fait figurer votre adresse *e-mail* au bas de votre page
d'accueil, ceux qui le désirent peuvent vous envoyer un
message pour dire ce qu'ils pensent de votre présentation.
La Figure 15.9 montre comment se présente la page d'accueil de Lpage, et la Figure 15.10 le texte du formulaire
présenté au visiteur.

Mais ces services fournissent souvent d'autres renseignements, comme l'adresse *e-mail* du visiteur, le temps qu'il a
consacré à la visite de votre site et les pages qu'il a regardées.
Pour une présentation professionnelle, ce sont là des renseignements utiles ; pour des pages personnelles, l'utilisation
de cette forme d'inquisition indirecte relève davantage de la
curiosité que d'une réelle utilité.

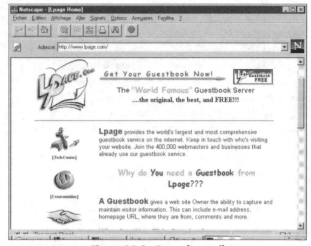

**Figure 15.9 : Page d'accueil
du livre d'or géré par Lpage.**

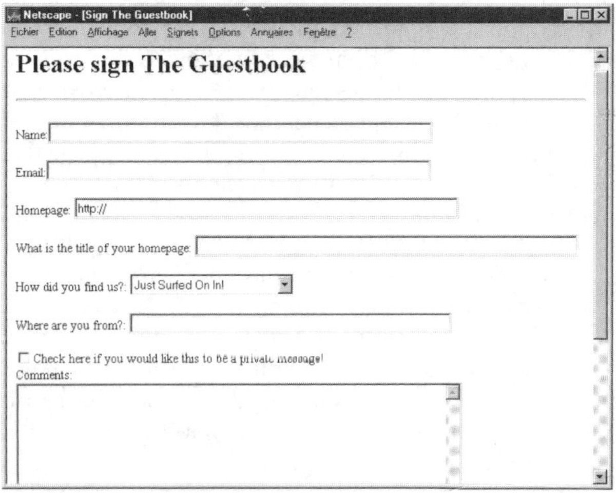

Figure 15.10 : Formulaire présenté au visiteur par Lpage.

Dans le cas de Francité, il n'y a pas de compteur affiché mais juste un petit logo. C'est en se connectant sur `http://francite.com/compteur.html` que l'auteur pourra relever son compteur et obtenir des statistiques contenant les renseignements suivants (par discrétion, les adresses IP et les noms ont été modifiés) :

```
191.41.78.2 - [17/juil/1997:01:21:32] "http://www.teaser.fr/~yfrechil/
$Mozilla/3.01 [fr] (Win95; I)

193.52.04.1 - [18/juil/1997:01:22:55] "http://www.aol.fr/membres/arthur/
$Mozilla/3.01 [fr] (Win95; I)

182.43.04.3 - [18/juil/1997:01:23:45] "http://francite.com/guest/toto
$Mozilla/3.01 [fr] (Win95; I)

187.24.1.0 - [23/juil/1997:01:24:31] "http://www.compuserve.fr/~titi/
$Mozilla/3.01 [fr] (Win3; I)
```

(L'horloge temps réel de Francité semble être réglée sur un fuseau interne... exotique !) La Figure 15.11 montre comment se présente l'inscription (gratuite) dans le service de statistiques de Francité.

Figure 15.11 : L'inscription auprès de Francité est très simple.

Pour en savoir davantage

Modèle d'annonce de site Web

- ■ `http://www.mygale.org/03/sly/fciw/fr-www-presentation.html`

Les services de référencement

- ■ Submit It : `http://free.submit-it.com`
- ■ Submit Hit : `http://members.aol.com/submithit/index.htm`
- ■ AddMe! : `http://www.adme.com`
- ■ Le Référenceur : `http://sam.acorus.fr/referenceur/`
- ■ Submit Now : `http://www.wakatepe.com/submitnow`

Les bannières

- ■ France Hyper Banner : `http://france-hyperbanner.net`

Les compteurs et mesureurs d'audience

- ■ Digits.com : `http://www.digits.com`
- ■ E-Stat : `http://echo.fr/E-Stat` (nouvellement et imparfaitement installé)
- ■ Francité : `http://francite.com`
- ■ Int. Count : `http://www.icount.com`
- ■ Net-Track : `http://net-trak.netrail.net`

- WebTracker : http://www.fxweb.holowww.com/traker/

- Longue liste de compteurs : http://www.markwelch.com/counter.htm

Moteurs de recherche français

- Carrefour.net : http://www.carrefour.net

- Ecila : http://ecila.ceic.com

- Francité : http://francite.com

- Hachette.net : http://www.hachette.net

- Lokace : http://www.iplus.fr/lokace/lokace.htm

- Nomade : http://www.nomade.fr/rechercher/

- Unité Réseau du CNRS : http://www.urec.fr/web.html

- Yahoo! France : http://www.yahoo.fr

Livres d'or

- Dreambook : http://www.dreambook.com

- LPage : http://www.Lpage.com

GLOSSAIRE

Accueil (page d') Premier écran affiché par un serveur Web lorsque l'on se connecte dessus. En anglais : *home page*.

ActiveX Standard établi par Microsoft pour réaliser des briques de base de programmes connus sous le nom *d'objets*.

Adresse électronique Code secret au moyen duquel l'Internet vous identifie et vous permet de recevoir du courrier électronique. Elle se présente généralement sous la forme `utilisateur@site.pays` où `utilisateur` représente votre nom d'utilisateur, `site`, le nom de la machine sur laquelle est ouvert votre compte utilisateur, et `pays`, un code de trois lettres pour les Américains, deux lettres pour le reste du monde. `site` peut lui-même être composé de plusieurs noms séparés par des points.

America On Line (AOL) Fournisseur d'accès à valeur ajoutée bien implanté en France. Revendique le plus grand nombre d'abonnés dans le monde (plus de 4 millions). Les abonnés ont une adresse de la forme `utilisateur@aol.com` ou `utilisateur@aol.fr` en France.

Anonymous (FTP) Méthode d'utilisation du programme FTP lorsqu'on n'a pas de compte ouvert sur un site particulier. On se logge alors sous le nom d'utilisateur `anonymous` et on donne comme mot de passe son adresse électronique.

Applet Non, ce n'est pas une petite pomme, mais un petit programme écrit en Java. On télécharge des applets sur le

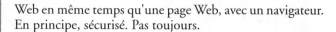

Web en même temps qu'une page Web, avec un navigateur. En principe, sécurisé. Pas toujours.

Archive Fichier contenant un groupe de fichiers généralement compressés pour occuper moins de place et être transmis en moins de temps. Pour restituer ces fichiers dans leur état d'origine, on doit utiliser le programme de décompression approprié. Sur les PC, on utilise couramment le format ZIP.

Baud Terme technique caractérisant la vitesse de modulation d'un signal sur une voie de transmission. A ne pas confondre avec **bps** (voir ce sigle), qui caractérise le débit efficace de la voie. Une ligne à 2 400 bauds supporte facilement un débit de 28 800 bps, voire de 33 600 ou même plus si elle est de bonne qualité.

Binaire (fichier) Fichier contenant des informations qui ne sont pas du texte pur (images, sons, programmes...).

Bit *binary digit* C'est la plus petite quantité d'information représentable dans un ordinateur. Ce "chiffre binaire" peut prendre la valeur 1 ou 0. On utilise plus couramment des "paquets" de bits comme les octets (8 bits). Désigne également un type de groupe de UseNet consacré à BITNET.

Bitmap Type de fichier d'image dans lequel l'image est décomposée en points individuels.

Bps (bits par seconde) Unité de mesure du débit d'une voie de transmission et caractérisant ce qu'on appelle improprement la "vitesse" d'un modem. Ne pas confondre avec **baud** (voir ce mot).

Browser Voir **navigateur**.

Byte Voir **octet**.

Client Ordinateur ou programme connecté à un correspondant baptisé *serveur*.

Client/serveur (modèle) Type d'architecture dans laquelle le travail est divisé en deux groupes : celui qui fournit (le serveur) et celui qui reçoit (le client) des informations.

Compression Opération visant à réduire la taille d'un fichier ou d'un groupe de fichiers (une archive). S'effectue au moyen de logiciels particuliers tels que PKZIP dans le monde PC, ou StuffIt, chez les adeptes du Macintosh.

CompuServe Fournisseur d'accès à valeur ajoutée qui est l'un des plus importants aux USA. Il est implanté en France depuis quelques années. Outre l'accès aux ressources de l'Internet, il propose des forums semblables aux groupes de news dont certains concernant des aspects techniques de l'utilisation des ordinateurs. Le numéro d'abonné se présentait jusqu'ici sous forme de deux nombres octaux séparés par une virgule (par exemple : 10507,1762), mais depuis peu, CompuServe s'est rallié à la représentation standard. Sur l'Internet, l'ancienne adresse se transformerait en 10507.1762@compuserve.com.

Cookie Sur l'Internet : petit bloc d'informations stocké sur votre disque dur par un site Web que vous visitez et qui lui sert à mémoriser certaines de vos caractéristiques personnelles qu'il retrouvera lors de votre prochaine visite.

Décompression Opération inverse de la compression, grâce à laquelle on restitue leur forme originale aux fichiers compressés d'une archive. Dans le monde PC, le programme le plus utilisé s'appelle PKUNZIP. Pour les Macintosh, c'est StuffIt.

Dial-up Mode de raccordement à un fournisseur d'accès. Il s'agit d'une connexion intermittente établie à l'aide du réseau public (RTC) et qui suppose un appel préalable par numérotation.

Domaine Nom officiel d'un ordinateur sur l'Internet. C'est ce qui est écrit immédiatement à droite du caractère @. Dans jdupont@urec.fr, le nom du domaine est urec.fr.

DNS (domain name server) Ordinateur situé sur l'Internet et qui a la charge de traduire les noms de domaines (dummies.com, inria.fr...) en adresses numériques de la forme 140.186.81.2 aussi appelées *adresses IP*. Parfois appelé *serveur de noms*.

Downloading Mot n'ayant pas d'équivalent direct en français et signifiant téléchargement **à partir** d'un serveur.

Duplex Mode de communication dans lequel chacune des deux extrémités peut envoyer des informations en même temps.

E-mail Courrier électronique. Système d'acheminement de messages par l'Internet.

FAQ (Frequently Asked Question) *Foire Aux Questions*. Ensemble des questions les plus fréquemment posées et qui sont regroupées avec leurs réponses, postées et mises à jour dans la plupart des groupes de news. Avant de poser une question à la cantonade, il faut toujours regarder si la réponse ne se trouverait pas dans le FAQ. Faute quoi, on court un grand risque de se faire *flamer*.

Fichier Collection d'informations considérée comme une unité de traitement par un ordinateur.

Fichier (transfert de) Méthode utilisée pour échanger des fichiers d'un ordinateur vers un autre au moyen d'une ligne téléphonique ou d'un réseau et selon un protocole particulier. Sur l'Internet, le moyen le plus utilisé s'appelle **FTP** (voir ce mot).

Fournisseur d'accès Entreprise commerciale disposant d'une connexion à l'Internet et par l'intermédiaire de laquelle vous devez passer pour vous raccorder vous-même au Net lorsque vous ne disposez que d'une ligne téléphonique ordinaire du RTC. Il en existe de différents types.

FTP *File Transfer Protocol.* Protocole de transfert de fichiers très largement utilisé entre sites raccordés à l'Internet.

FTP-by-mail Méthode permettant de transférer des fichiers par courrier électronique lorsque, pour une raison ou une autre, le FTP standard est inutilisable.

FTP (serveur) Ordinateur raccordé à l'Internet et conservant un grand nombre de fichiers mis à la disposition d'autres utilisateurs par FTP.

GIF (*Graphics Interchange Format*) Format d'image défini par CompuServe et maintenant très largement utilisé sur l'Internet et ailleurs. Par suite de problèmes de copyright, il risque d'être progressivement abandonné et remplacé par un nouveau format : PNG.

Gigaoctet Unité de mesure de la taille d'un fichier ou de la capacité d'un disque dur. Représente exactement 1×10^9 octets, soit mille mégaoctets (voir ce mot).

Hardware Littéralement : *quincaillerie*. Désigne tout ce qui fait partie du matériel, dans un système informatique.

Opposé à **software** (*logiciel*). Le jeu de mot initial opposait *hard* (dur) à *soft* (doux).

Hôte Désigne un ordinateur sur lequel on peut se connecter, par exemple, au moyen de Telnet (voir ce mot). N'a pas ici le double sens du mot propre à notre langue.

HTML (HyperText Markup Language) Langage dérivé de SGML et utilisé pour coder les pages Web. C'est un langage à balises.

HTTP (HyperText Transfer Protocol) Protocole de transfert des pages Web.

HTTPS Variante de HTTP utilisant le chiffrement pour sécuriser un transfert d'informations sur le Web.

Hypermédia L'ensemble des autres types de médias associés à l'hypertexte (images, sons, animations).

Hypertexte Système de représentation et de diffusion d'informations par lequel on peut faire apparaître sous forme unitaire des documents éparpillés sur différents sites d'un même réseau.

IETF (Internet Engineering Task Force) C'est le groupe qui développe les nouveaux standards pour l'Internet.

Internet Explorer Navigateur édité par Microsoft.

Internet Society Organisation qui se consacre au développement de l'Internet. Peut être contactée à l'adresse isoc@isoc.org.

InterNic (*Internet Network Information Center*) Organisation qui reçoit de nombreuses informations concernant l'Internet.

Divisée en deux parties : le *Directory Services* (géré par At&T, dans le New Jersey) et les *Registration Services* (gérées par Network Solutions, en Virginie). Adresse Web : `http://rs.internet.net`. Adresse FTP : `ftp.internic.net`.

Intranet Internet sur réseau local.

Java Langage de programmation inventé par Sun Microsystems et totalement portable sur toutes plates-formes, car semi-compilé.

JPEG Format d'image très utilisé sur le Web pour numériser des photos.

Kilo-octet Unité de mesure de la taille d'un fichier ou de la capacité d'un disque dur. Représente exactement 1×10^3 octets, soit mille octets.

Liaison Voir **lien**.

Lien Plusieurs sens. En ce qui concerne les réseaux, synonyme de connexion. Pour le Web, lien logique entre plusieurs documents non nécessairement situés au même endroit.

Linux UNIX gratuit tournant principalement sur des ordinateurs personnels. Voir le forum `comp.os.linux.announce`.

Liste (de diffusion) Voir **mailing list**.

Liste (serveur de) Programme qui gère des listes de diffusion.

Lynx Navigateur fonctionnant en mode texte dont l'emploi n'est pas recommandable en raison de la nature graphique de la plupart des documents HTML.

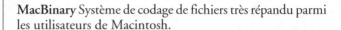

MacBinary Système de codage de fichiers très répandu parmi les utilisateurs de Macintosh.

MacTCP TCP/IP pour le Macintosh. Son seul intérêt est de vous permettre de raccorder un Macintosh à l'Internet. Fourni en standard depuis le système 7.5.

Mailing list Liste de diffusion. Envoi automatique de messages à une série de destinataires dont les adresses électroniques sont énumérées dans une liste.

Mégaoctet Unité de mesure de la taille d'un fichier ou de la capacité d'un disque dur. Représente exactement 1×10^6 octets, soit mille Kilo-octets.

Message Ensemble d'informations, généralement en forme de texte, envoyées d'une adresse électronique à une autre sur l'Internet.

MIDI Une façon de coder de la musique électronique sous une forme bien plus compacte que des sons numérisés. Pratique pour les transferts sur l'Internet.

MIME (Multipurpose Internet Mail Extension) Procédé permettant d'acheminer, au moyen d'un codage approprié, des fichiers binaires sur l'Internet.

Miroir Serveur FTP sur lequel on trouve les mêmes fichiers que sur un autre site, considéré comme leur distributeur principal.

Modem Modulateur-démodulateur. Dispositif électronique chargé de convertir des signaux électriques entre un ordinateur et une ligne téléphonique. Existe sous forme de carte à insérer dans un connecteur interne de l'ordinateur ou sous forme de boîtier externe qu'on raccorde à la sortie série (RS232) de la machine. Caractérisé par son débit maximal exprimé en bits par seconde. On parle parfois (à tort) de vitesse à ce propos. Exemple : les modems les plus rapides destinés à être raccordés au RTC, fonctionnent actuellement à 33 600 bps. (En réalité, il existe des liaisons à débit plus élevé, mais elles nécessitent des matériels spéciaux encore peu répandus.)

Mosaic (notez l'absence de tréma). Navigateur existant pour Windows, le Macintosh et UNIX. A été longtemps considéré comme le meilleur avant que n'arrive Netscape Navigator. Pratiquement tombé dans l'oubli en 1997.

Mot de passe Suite de caractères tenu secrète par un utilisateur et au moyen de laquelle il s'identifie lorsqu'il se connecte sur un ordinateur particulier.

MPEG Système de compression de fichiers de sons et d'images élaboré par le Motion Picture Group. Sous Windows, les fichiers ont l'extension `.mpg`.

MSN (**Microsoft Network**) Service en ligne géré par Microsoft.

Navigateur (browser, brouteur, fureteur, butineur...) Programme d'exploration du Web.

Nom (**serveur de**) Voir **DNS**.

Netscape Navigator Navigateur de qualité remarquable ayant largement contribué à la popularité du Web. Les gens de Netscape ont introduit des suppléments au langage HTML destiné à améliorer la qualité des présentations. Toutes ces modifications ne sont pas homologuées par les

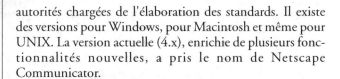

autorités chargées de l'élaboration des standards. Il existe des versions pour Windows, pour Macintosh et même pour UNIX. La version actuelle (4.x), enrichie de plusieurs fonctionnalités nouvelles, a pris le nom de Netscape Communicator.

Net Raccourci familier désignant l'Internet.

Network Réseau.

NIC (Network Information Center) Coordinateur d'un ensemble de réseaux chargé d'assurer la cohérence des adresses et des appellations sur l'Internet. Son adresse électronique, pour les USA, est `rs.internic.net`.

Numéris Réseau de transmission de données numérisées. Voir **RNIS**.

Page Unité d'information fictive utilisée sur le Web. Une page Web est censée représenter les informations pouvant être affichées sur un seul écran. Mais comme la taille d'un écran est très variable, cette notion reste très floue.

Paquet Ensemble d'informations envoyées sur un réseau. Chaque paquet contient l'adresse de son destinataire.

Pays (code) Suffixe de deux lettres d'une adresse Internet pour tous les pays autres que les Etats-Unis. `fr` représente la France, `ch`, la Suisse, `uk`, le Royaume Uni, etc.

PDF (fichier) Système de formatage de documents créé par Adobe. Le logiciel de lecture est distribué gratuitement par cet éditeur à l'URL `http://www.adobe.com/acrobat`.

PKZIP Programme de compression de fichiers très largement utilisé, surtout sur les PC. Pour rendre aux fichiers compressés leur taille primitive, on utilise le programme inverse : PKUNZIP. Sous Windows ces deux programmes sont remplacés par WINZIP.

Plug-in (assistant) Module de programme qu'on incorpore à un navigateur pour lui permettre de décoder et d'interpréter des fichiers qu'il est incapable de traiter de façon native.

PPP (Point to Point Protocol) Système de connexion de deux ordinateurs par ligne téléphonique. Plus récent et meilleur que *SLIP*.

Protocole Ensemble de conventions grâce auxquelles deux ordinateurs peuvent communiquer entre eux. Il en existe de nombreux sur l'Internet.

QuickTime Format de fichiers vidéo créé par Apple et dont il existe des versions pour Windows et d'autres systèmes. Assez largement utilisé sur l'Internet.

RealAudio Format de codification de fichier audio permettant une transmission et une audition simultanées. Ne fonctionne correctement qu'avec des connexions réseau à haut débit. A 28 800 bps, de nombreuses coupures interviennent en cours d'audition ou bien le bruit de fond est très important. Voir par curiosité http://www.realaudio.com.

Recherche (moteur de) Logiciel utilisé pour des recherches sur des bases de données.

Répertoire Partie d'une structure arborescente gouvernant l'organisation des fichiers d'un ordinateur.

RNIS Réseau numérique à intégration de services. Réseau créé par France Télécom pour assurer de forts débits (supérieurs ou égaux à 64 kbps).

Routeur Ordinateur destiné à assurer l'interconnexion de plusieurs réseaux utilisant éventuellement des standards différents.

RTC Réseau téléphonique commuté.

Sécurité Sur un réseau, la sécurité consiste essentiellement à interdire l'entrée dans une machine à ceux qui n'y sont pas autorisés par l'administrateur du système.

Serveur Ordinateur destiné à fournir un service à d'autres ordinateurs d'un réseau. Par exemple, un serveur archie permet aux utilisateurs de l'Internet de bénéficier des services archie. Un serveur se connecte à un client (voir ce mot).

Shareware On dit parfois en français : "partagiciel". Logiciel qu'on peut essayer avant de l'adopter. Lorsqu'on s'y décide, on est moralement obligé de verser une contribution à l'auteur.

Shockwave Standard multimédia interactif utilisé sur le Web. Voir le serveur `http://www.macromedia.com/shockwave/`.

SimTel Importante collection de programmes, principalement pour MS-DOS et Windows. Le site principal a pour adresse électronique `ftp.coast.net`. Il en existe de nombreux miroirs.

SLIP (Serial Line Internet Protocol) Protocole, maintenant dépassé, de connexion d'un ordinateur à un serveur au moyen d'une ligne téléphonique. Voir **PPP**.

Software Logiciel. Tout ce qui, dans un ordinateur, ne relève pas du matériel.

SSL (Secure Socket Layer) Technique utilisée sur le Web pour sécuriser certaines connexions.

Streaming (audio) Système permettant d'acheminer des fichiers audio sur le Net de telle façon qu'on commence à les entendre presque immédiatement, sans attendre que l'intégralité du fichier soit transmise. Le plus populaire est RealAudio.

Stufit Programme de compression utilisé sur les Macintosh.

Surfer Se promener nonchalamment et sans but précis sur le Web.

T1 Standard de télécommunications transportant 24 voies de transmission à 1,4 Mo/s sur une simple paire.

TCP/IP Protocole de connexion utilisé sur l'Internet (Transmission Control/Internet Protocol).

Texte (fichier) Fichier ne contenant que du texte pur, sans formatage.

Travail (station de) Micro-ordinateur de forte puissance doté généralement d'un grand écran et d'une mémoire de grande taille principalement utilisé dans les milieux scientifiques. C'est le domaine des SUN Sparc, HP et IBM RS/6000, pour n'en citer que trois parmi les plus utilisés.

Trumpet Créateur d'une pile TCP/IP (Winsock) largement utilisée sous Windows 3.x.

UNIX Système d'exploitation soulevant les passions à défaut des montagnes. On peut, en toute objectivité, lui reprocher d'utiliser le langage de commande le plus abscons qui se puisse imaginer. Difficile, voire impossible à utiliser par des profanes.

Uploading Mot n'ayant pas d'équivalent direct en français et signifiant téléchargement **vers** un serveur.

URL (Uniform Resource Locator) Façon de désigner une ressource de l'Internet au moyen d'une adresse électronique précédée d'un préfixe dépendant du type de la ressource concernée. Les navigateurs en font un large usage.

URN (Uniform Resource Name) Nom d'une page Web qui ne change pas lorsqu'elle est déplacée sur un ordinateur différent. Proposé pour résoudre le problème des liens rompus mais très peu utilisé.

Virus Parasite logiciel destiné à perturber le fonctionnement d'un ordinateur. Sur les Macintosh on en compte une douzaine alors qu'on en dénombre plus de 7 000 sur les PC. Pratiquement inconnus sous UNIX.

Visualisation (logiciel de) Programme destiné à afficher des images numérisées.

VRML Langage destiné à construire des pages en réalité virtuelle sur le Web.

WAV (fichier) Format utilisé sous Windows pour les fichiers audio.

Web Littéralement "araignée". En réalité, il s'agit du World Wide Web, qui est un système d'informations hypertexte et hypermédia.

Windows Système d'exploitation à fenêtrage créé par Microsoft pour les PC. La version la plus utilisée est la version 3.1. La dernière est la version 95, qui contient un support natif de TCP/IP.

WinSock Abrégé de *Windows Sockets.* Interface standard avec TCP/IP des programme tournant sous Windows.

WinZip Programme de compression/décompression de fichiers tournant sous Windows.

World Wide Web Voir **Web**.

Yahoo! Moteur de recherche sur le Web accessible par l'URL `http://www.yahoo.com` ou `http://www.yahoo.fr`.

ZIP (fichier) Ensemble de fichiers compressés à l'aide du programme PKZIP ou WINZIP (peut ne contenir qu'un seul fichier). Le décompactage s'effectue avec PKUNZIP ou WINZIP.

INDEX

Les **Editions Sybex** vous proposent différents services destinés à vous aider à développer votre expérience de la micro-informatique et à nous aider à parfaire nos publications :

- Disquettes d'accompagnement
- Informations concernant les nouveautés
- Envoi de nos catalogues régulièrement mis à jour
- Dialogue constant avec le lecteur.

SYBEX

RECEVEZ UNE INFORMATION DÉTAILLÉE SUR NOS PROCHAINS TITRES

Remplissez très lisiblement le bulletin ci-dessous et retournez-le sous enveloppe affranchie à :

**Editions Sybex
10-12, villa cœur-de-vey
75014 Paris**

CATALOGUES - INFORMATIONS REGULIERES - OFFRES -

Adresse :

Société ....

Nom ....

Prénom ....

Adresse ....

....

Ville ....

Code Postal .... Tél. ....

Votre matériel :   ☐ PC   ☐ Macintosh

Secteur d'activité :	*Nombre de salariés :*	*Centres d'intérêts principaux (à détailler) :*
☐ administration	☐ 1 / 20 salariés	☐ langages ....
☐ enseignement	☐ 21 / 50	☐ logiciels ....
☐ industrie	☐ 51 / 100	☐ applications de gestion ....
☐ commerce	☐ 101 / 200	☐ microprocesseurs ....
☐ services	☐ 201 / 500	☐ systèmes d'exploitation ....
☐ prof. libérale	☐ + 500	☐ PAO-CAO-DAO ....
☐ autre :		☐ grand public ....
....		☐ Multimédia ....

SYBEX

10-12, villa cœur-de-vey
75014 PARIS
TÉL. : (1) 40 52 03 00
FAX : (1) 45 45 09 90

UN DIALOGUE PERMANENT AVEC VOUS...

• Vous souhaitez être informé régulièrement de nos parutions,
recevoir nos catalogues mis à jour, complétez le recto de cette carte.

• Vous souhaitez participer à l'amélioration de nos ouvrages, complétez le verso de cette carte.

DES LIVRES PLUS PERFORMANTS GRACE A VOUS

Communiquez-nous les erreurs qui auraient pu nous échapper malgré notre vigilance,
ou faites-nous part simplement de vos commentaires. Retournez cette carte à :
Service Lecteurs Sybex - 10-12, villa cœur-de-vey - 75014 Paris

Nom .... Prénom ....
Adresse ....
....
Ville ....
Cd Postal .... Tél. ....

Vos commentaires : (ou sur papier libre en joignant cette carte)
....
....
....
....
....

FRANCE

SYBEX FRANCE
*Services administratif
et éditorial*
12, villa Coeur-de-Vey
75685 Paris cedex 14
Tél. : 01 40 52 03 00
Fax : 01 45 45 09 90
Minitel : 3615 SYBEX
(2,23 F/mn)

*Service commercial
Comptoir de vente aux
libraires*
1, villa Coeur-de-Vey
75685 Paris cedex 14
Tél. : 01 44 12 61 30
Fax : 01 45 41 53 06
Support technique
Tél. : 01 44 12 61 36 ou 45

ETATS-UNIS : SYBEX Inc.
1151 Marina Village
Parkway
Alameda, CA 94501,
U.S.A.
Tél. : (1) 510 523 8233
Fax : (1) 510 523 2373

ALLEMAGNE :
SYBEX VERLAG GmbH
Erkrather Str. 345-349
40231 Düsseldorf,
Germany
Tél. : (49) 211 97390
Fax : (49) 211 973 9199

PAYS-BAS :
SYBEX Uitgeverij BV
Birkstraat 95
3768 HD Soest,
Netherlands
Tél. : (31) 3560 27625
Fax : (31) 3560 26556

DISTRIBUTEURS ÉTRANGERS

BELGIQUE
PRESSES DE BELGIQUE
117, boulevard de l'Europe
B-1301 Wavre
Tél. : (32) 10 42 03 20
Fax : (32) 10 41 20 24

SUISSE
OFFICE DU LIVRE
Case Postale 1061
CH-1701 Fribourg
Tél. : (41) 37 835 111
Fax : (41) 38 835 466

CANADA
DIFFULIVRE
817, rue Mac Caffrey
Saint-Laurent - Québec H4T 1N3
Tél. : (1) 514 738 29 11
Fax : (1) 514 738 85 12

SYBEX EST PRÉSENT ÉGALEMENT DANS CES PAYS

Côte d'Ivoire
Espagne
Liban

Maroc
Portugal
Sénégal

Tunisie
et également,
dans les DOM-TOM.

24 heures sur 24 et 7 jours sur 7

Recevez, en direct sur votre fax, les sommaires détaillés de nos publications et
un bon de commande en composant le 08 36 70 00 11*.
Pour recevoir notre documentation, il vous suffit d'appeler du combiné téléphonique de votre fax ou d'un téléphone branché sur la même prise téléphonique que votre fax ou votre modem-fax.

* Prix d'appel : 8,91 F la connection puis 2,23 F/mn quelle que soit votre région d'appel
(uniquement France métropolitaine).

Achevé d'imprimer le 27 août 1997
sur les presses de l'imprimerie «La Source d'Or»
63200 Marsat
Dépôt légal : 3ème trimestre 1997
Imprimeur n° 6989